AFREKENE

REGINE PERNOUD

AFREKENEN MET DE MIDDELEEUWEN

UITGEVERIJ ORION, BEVEREN

UITGEVERIJ B. GOTTMER, NIJMEGEN

Originele titel en uitgever :
Pour en finir avec le Moyen Age
Editions du Seuil, Paris.
Nederlandse vertaling door A.M. Lannoo.

ISBN 90 264 3462 6

HOOFDSTUK 1

„MIDDELEEUWEN"

Ik werkte nog maar kort in het museum voor de geschiedenis van Frankrijk, in het nationaal archief, toen ik een brief kreeg met de volgende vraag : „Zou U mij de precieze datum kunnen geven van het verdrag waarmee de middeleeuwen officieel werden afgesloten?" En men wou ook nog weten „in welke stad dat verdrag werd opgesteld".

Ik heb het bericht niet bewaard, en kan het dus niet helemaal citeren, maar ik kan U verzekeren dat het authentiek is. De schrijver wou vlug antwoord, want hij had die twee inlichtingen nodig voor een lezing die hij kort daarna moest houden.

Nu en dan heb ik er mezelf op betrapt dat ik in gedachten die lezing opstelde. Dat viel me trouwens niet erg moeilijk, ik hoefde maar aaneen te rijgen wat men dagelijks leest, ziet en hoort over de „middeleeuwen" [1]. Als men als middeleeuwenkenner een moppenboek over de middeleeuwen samen wil stellen, dan wordt men overstelpt met materiaal. Er gaat geen dag voorbij of dergelijke bedenkingen worden gemaakt : „We leven niet meer in de middeleeuwen", of „Dat is een terugkeer naar de middeleeuwen", of „Dat is een middeleeuwse mentaliteit". In alle omstandigheden hoort men die uitspraken : om de eisen van een feministische beweging kracht bij te zetten, om de gevolgen van een elektriciteitsstaking te betreuren, of wanneer men algemeenheden wil vertellen over de democratie, het analfabetisme, de opvoeding, enzovoort.

Het begint al vroeg. Op een open klasdag — zo'n dag waarop ouders geleerd wordt hoe ze hun kinderen kunnen doen werken — volgde ik les bij een neefje van zeven of

(1) „Middeleeuwen" zou altijd tussen aanhalingstekens moeten staan. Wij gebruiken het woord alleen omdat het algemeen gangbaar is.

acht. Toen we aan de geschiedenisles gekomen waren, kreeg ik het volgende te horen :

De juffrouw :

— Hoe noemde men de landbouwers tijdens de middeleeuwen ?

De klas in koor :

— Men noemde hen laten.

De juffrouw :

— Wat deden zij, en wat hadden zij ?

De klas :

— Zij hadden ziekten.

De juffrouw :

— Welke ziekten, Peter ?

Peter (ernstig) :

— De pest.

De juffrouw :

— En wat nog, Tom ?

Tom (enthousiast) :

— De cholera !

— Zeer goed, besloot de juffrouw kalm, en nu aardrijkskunde...

Dit tafereeltje speelde zich jaren geleden af, het betrokken neefje is al meerderjarig. Ik dacht dan ook dat er al veel veranderd zou zijn, maar enkele jaren geleden (juli 1975) ging ik wandelen met Anne van zeven, het kleindochtertje van een vriendin. Opgewekt begon zij te vertellen :

— Zeg, op school leren wij nu over de middeleeuwen.

— Mooi, en hoe was dat zo, de middeleeuwen?

— Wel, er waren dan heren... (zij aarzelde een beetje bij dit moeilijke woord) feodale heren. Zij deden niks anders dan oorlog voeren en zij lieten hun paarden dwars door de akkers van de landbouwers lopen en zij maakten alles kapot.

Haar enthousiaste beschrijving werd afgebroken voor het ijsje dat nu alle aandacht kreeg. Ik had echter al begrepen dat de geschiedenisles van 1975 nog precies dezelfde was als die van een halve eeuw tevoren, toen ik zelf op school zat. Van vooruitgang gesproken !

Meteen had ik ook spijt van mijn — overigens weinig menslievende — lachbui van een paar dagen daarvoor. Toen kreeg ik namelijk een telefoontje van een documentaliste van de televisie, gespecialiseerd in historische uitzendingen.

— Het schijnt, zei zij, dat U dia's hebt. Hebt U er ook die *de middeleeuwen voorstellen ?*

— ???

— Ja, dia's die een algemeen beeld geven van de middeleeuwen : slachtingen, bloedbaden, geweldscenes, besmettelijke ziekten...

Ik had me niet kunnen bedwingen, en was beginnen lachen. Eerlijk was dat echter niet, want blijkbaar was deze documentaliste op het vlak van de geschiedenis niet verder gekomen dan Anne. Hoe zou ze ook ? Waar zou ze meer hebben vernomen ?

***

Tot voor kort kwam men slechts per vergissing — of liever toevallig — in contact met de middeleeuwen. Daarvoor was persoonlijke nieuwsgierigheid nodig en die kreeg men door een schok, een ontmoeting. Op reis zag men een romaans portaal of een gotisch torentje, in een museum of op een tentoonstelling merkte men een schilderij of wandtapijt op : men begon het bestaan te vermoeden van een hele wereld daarachter. Hoe kon men echter daarover meer te weten komen? In encyclopedieën of woordenboeken stonden alleen onbenulligheden of kritiek. Studies waren er nog niet veel en de gegevens die men erin vond spraken elkaar tegen. Ik bedoel hier natuurlijk vulgariserende werken die het gemiddelde publiek bereiken, want geleerde werken waren er reeds lang in overvloed. Men moest echter heel wat hindernissen nemen om er bij te geraken : men moest vooreerst toegang zien te krijgen tot de bibliotheken waar deze werken berustten en dan was er nog het vakjargon waarin de meeste boeken waren gesteld. Het algemeen peil van deze boeken voor ingewijden zou men kunnen weergeven met de vraag „Waren de middeleeuwen beschaafd?", waarrond een vereniging van intellectuelen in 1964 een congres hield. Hopelijk moest geen van hen bij het naar huis gaan een middeleeuwse kathedraal voorbij, want dat zou zijn gemoedsrust hebben geschokt. Maar laten wij gerust zijn : iemand die de universiteit achter de rug heeft en bovendien „geëngageerd" is, merkt niet eens op wat niet met zijn zelfgebrouwen ideeën overeenstemt. Al liep hij misschien over het kerkplein, de kerk zal hij niet gezien hebben.

Er is veel veranderd intussen. Elke zondag en 's zomers elke dag, wordt een kerkplein als dat van de Notre Dame te Parijs, belegerd door massa's jonge en minder jonge mensen. Zij luisteren naar zangers en muzikanten en dansen daar soms bij. Anderen zitten op het gras de kathedraal gewoon te bewonderen, en de meesten willen ook binnenin wel eens een kijkje nemen. Voor het concert op zondag worden de poorten van de Notre Dame wijd opengezet en een menigte mensen stroomt er binnen, net als in de middeleeuwen. Het zijn ingetogen, bewonderende mensen ; de intellectueel van 1964 daartussen zou wel uit de dierentuin ontsnapt lijken.

Hoe is die verandering er gekomen? Er zijn veel oorzaken. Een eerste en de meest directe is wel het feit dat vandaag de dag iedereen reist, dikwijls en overal naartoe. De mediëvist kan niet nalaten daaraan toe te voegen „zoals in de middeleeuwen". Men kan zeggen dat het toerisme met zijn moderne vervoersmiddelen, de vroegere bedevaarten heeft vervangen. Net als in de middeleeuwen, zijn wij opnieuw beginnen reizen.

Hoewel er in Frankrijk meer werd verwoest dan in andere landen, toch blijkt er daar van de middeleeuwen nog altijd meer over te blijven dan van alle andere tijdperken samen. Als men er rondreist, ontmoet men altijd wel een klokketoren die aan de 12de of 13de eeuw doet terugdenken. Men kan geen berg beklimmen of men vindt een kapelletje. Het lijkt wel een mirakel hoe het in zo'n afgelegen en verwilderd oord heeft kunnen opschieten. De Auvergne bijvoorbeeld heeft geen enkel belangrijk museum, maar wat een rijkdom aan architectuur! De beheerders en goeverneurs van de 17de eeuw beschouwden het gebied als een onaangenaam verbanningsoord. Vroeger moeten er echter behoorlijk veel mensen hebben gewoond om zo'n wonderen tot stand te brengen. Hebben de abdijen hier een rol gespeeld of was het de volkskunst, het doet er niet veel toe. Monniken kwamen toch ook uit het volk in het algemeen of — om het met twintigste eeuwse termen uit te drukken — uit alle sociale lagen. Er zijn vooral kloosterkerken bewaard gebleven (Aubazine in de Auvergne was een cisterciënzerklooster), maar ook in eenvoudige landelijke parochies treft men verrassend gedurfde romaanse muurschilderingen aan. Denken wij hierbij ook eens aan de Sint-Leonarduskerk te Zoutleeuw bijvoorbeeld. Staan trouwens ook in Friesland en Groningen niet verscheidene romaanse zaalkerkjes die eeuwenlang voor de dorpsbevolking hebben gediend?

De middeleeuwse gebouwen zijn trekpleisters voor toeristen geworden. De Mont-Saint-Michel telt meer bezoekers dan het Louvre. Voor het Limburgse Thorn schuiven de autobussen aan en het Gravensteen te Gent wordt weer bestormd, nu door bosjes toeristen. Nog maar pas werd in de Brugse Onze-Lieve-Vrouwekerk met opgravingen begonnen, of de toeristen stonden er aan te schuiven en werden er op diamontages onthaald. In de abdij van Senanque hoort men de monniken alleen nog zingen in het (merkwaardige) klank-en-lichtspel, maar de stroom toeristen is eindeloos. Voorbeelden zijn er bij de vleet: overal is men even enthousiast over deze recente, maar algemene herontdekking.

Na de Engelsen, Duitsers, Belgen, Nederlanders — en natuurlijk ook Amerikanen — hebben nu ook de Fransen de middeleeuwen ontdekt. Overal voltrekt zich hetzellfde scenario. Men wordt zich bewust van zijn omgeving, gaat op de natuur letten. Onmiddellijk wordt duidelijk dat die natuur in de loop der tijden al behoorlijk werd veranderd en verbeterd door de mens. Steenblokken, bakstenen en timmerhout werden er aangewend : zo ontstonden de plaatjes in het prentenboek van de natuur. Tegelijk begint men de waarde te beseffen van al wat van die omgeving deel uitmaakt. Een tijdje geleden nog werden de kapitelen van Saint-Michel-de-Cuxa in de Languedoc voor een zacht prijsje van de hand gedaan, en nu laat men die uit Amerika terughalen. De tijd is ook voorbij dat wie zijn zitkamer met preekstoel en lambrizeringen een speciaal cachet wou geven, die vrij gemakkelijk kon verwerven. Daar heeft de wet nu een stokje voor gestoken. Men begrijpt dat niet de koper, maar wel de verkoper verantwoordelijk is voor dergelijke transacties. Maar tenslotte kan men nog altijd naar Philadelphia gaan om het klooster van Saint-Genis-lès-Fontaines te zien en naar Toledo voor dat van Saint-Pons-de-Thomières. Veel erger is het, wat tijdens de Republiek gebeurde : alles verdween onherroepelijk. Te Cluny werd het gebouw dat ooit eens de grootste romaanse kerk van de christenheid was geweest, gewoon opgeblazen. Toulouse heeft de bijnaam 'hoofdstad van het vandalisme' gekregen. Van het gebouw van de Sint-Donaaskerk te Brugge (afgebroken in 1801) werden behalve de grondvesten, slechts enkele brokstukken teruggevonden.

Dat is verleden tijd, maar wij zijn verontwaardigd. Dat zijn wij ook als wij zien hoe andere kloosters tot gevangenissen of kazernes (het Karmelietenklooster te Aalst en het enige Karthuizerklooster van Vlaanderen te Brugge) werden omgebouwd. De draagwijdte van deze vreemde beweging laat zich meten aan de betrekkelijke snelheid waarmee ze zich heeft voltrokken. Het is tenslotte nog maar een goede honderd jaar geleden dat Victor Hugo de Mont-Saint-Michel bezocht die tot gevangenis was omgebouwd, en uitriep : „Dit lijkt wel een pad in een reliekschrijn!" Ikzelf herinner mij nog dat ik als kind de raampjes heb zien dichtmaken van de muur waarmee men de grote zaal in het pauselijk paleis te Avignon tot kazerne had omgevormd. Wie zou dat vandaag nog toelaten?

Er is, zij het niet overal tegelijk in Europa, een beweging ontstaan die de monumenten van het verleden wil herontdekken, restaureren en nieuw leven inblazen. Zij is zeer diep doorgedrongen, en verontrust en overstelpt zelfs de betrokken overheid. Overal werden archeologische verenigingen gesticht, restauratie-ateliers en opgravingswerken begonnen. Zelfs verborgen in soms weinig toegankelijke streken ziet men merkwaardige romaanse gebouwen herleven. De overheid doet hiervoor in verschillende landen een grote inspanning. In andere landen daarentegen wordt meer op privé-initiatief gewacht, hoewel de privé beschermingscomité's gesteund, gecontroleerd en soms zelfs in het leven geroepen worden door provincie of gemeente. Zo bijvoorbeeld in Frankrijk : Saint-Donat, de rotonde van Simiane in de Haute-Provence, of, niet ver daarvandaan, de Madeleine kapel. Het is in die streek zover gekomen, dat de eigenaar die hooi blijft stapelen in een romaanse of gothische kapel — dat heeft men anderhalve eeuw lang zien gebeuren — als een Beotiër of een achterlijke wordt aangezien. Restauraties zijn er bij de vleet : de commanderie van Alde-Biezen in Limburg, het Groot Begijnhof in Leuven, de stiftkerk te Thorn, de Sint-Bavo te Aardenburg, het kasteel Horn in Limburg, het slot Loevestein, en vele andere gebouwen uit die tijd. In België en Nederland worden de meeste monumenten geklasseerd, beschermd en gerestaureerd door de overheid, maar in Frankrijk bijvoorbeeld werden veel van die restauraties uitgevoerd door jongerengroepen, die daar spontaan aan begonnen waren. Restauratie wordt er overgelaten aan het privé-initiatief, gevolgd, gecontroleerd en aangemoedigd door de overheid. Voor restauratie, net als voor opgravingen trouwens, is goede wil immers niet voldoende. Er is een opleiding en achtergrond nodig, hoewel men zonder goede wil niets ernstigs aan kan pakken.

Wie had dit vijftig jaar geleden kunnen vermoeden? Wie

kon dit voorspellen toen vijftien jaar geleden slechts (1965) in het eerste nummer van *Archeologia* met een rubriek „Waar gaat U volgende zomer opgraven?" werd begonnen. Nu moeten elk jaar verschillende nummers aan die rubriek gewijd worden, één zou niet meer volstaan.

De televisie heeft ongetwijfeld tot de ontwikkeling van die nieuwsgierigheid bijgedragen. Zij vestigde de aandacht op verwaarloosde monumenten en moedigde bepaalde initiatieven aan, ook internationaal : denken wij aan de reddingsoperatie Venetië. Zo werd ingespeeld op de interesse die het grote publiek aan de dag begon te leggen voor de getuigenissen uit het verleden. Men heeft de mensen leren kijken naar de kunstschatten waar ze langs rijden, zonder ze te zien. Door die kunst in het bereik van alle kijkers te brengen heeft men tegelijk het werk dat vooraf was gebeurd, weer in de kijker gebracht : geschiedenisverzamelingen, boeken en tijdschriften die meer dan vulgariserend waren. Wij zullen ze hier niet allemaal noemen. Nemen wij als voorbeeld de verzameling *Zodiaque,* die 25 jaar geleden op touw werd gezet om de romaanse kunst beter te leren kennen — nu een onbetwist succes. Er zijn ook een groot aantal internationale verenigingen die de middeleeuwse kunst bestuderen. Vernoemen wij ook nog het recentere verschijnsel van de jongerengroepen die het onthaal in de kunstcentra verzorgen. Het zijn meestal studenten, die doorgeven wat anders vrijwel alleen kunsthistorici weten. Aan alle bezoekers willen zij die twaalfde of dertiende eeuwse gebouwen ten volle leren kennen.

Het zegt al genoeg dat de gewone man vandaag de dag niet meer aanvaardt dat men het beeldhouwwerk in een romaans portaal „lomp en onhandig" noemt, of de kleuren van de glasramen in Chartres „schreeuwerig". Zijn kunstzin werd gewekt, zodat de gangbare opvattingen van dertig jaar geleden hem nu werkelijk verouderd lijken. Er blijft echter een verschil bestaan tussen de middeleeuwen die hij bewondert zo dikwijls hij daar de kans toe heeft enerzijds, en wat het begrip middeleeuwen voor hem inhoudt anderzijds [2]. Gewoonte en spraakgebruik kunnen daar natuurlijk de oorzaak van zijn. Deze wanverhouding is helemaal niet verwonderlijk. Opdat zijn directe waarneming ook zijn gedachten zou veranderen is er immers een ontwikkeling nodig die niemand hem ooit bezorgd heeft. Alleen een verstandige studie van de geschiedenis gedurende vele schooljaren zou dat kunnen verhelpen.

Middeleeuwen betekent nog altijd : tijd van onwetendheid, verdierlijking en algemene onderontwikkeling — al is het dan de enige periode van onderontwikkeling waarin men kathedralen heeft gebouwd! Meer dan 150 jaar opzoekingswerk door geleerden heeft het grote publiek nog niet bereikt.

Een sterk voorbeeldje misschien. Kort geleden werden op de televisie de woorden „Dood ze maar allemaal, God zal de zijnen herkennen" aangehaald als een historische uitspraak ter gelegenheid van het bloedbad van Béziers in 1209. Het is echter al meer dan 100 jaar geleden (in 1866 precies) dat een geleerde — overigens zonder veel moeite — aantoonde dat die woorden toen niet uitgesproken kunnen zijn. Men vindt ze in geen enkele bron uit die tijd terug, alleen in *Het boek der mirakelen, Dialogus Miraculorum,* de titel zegt al genoeg. De Duitse monnik Cesareus von Heisterbach, een man met een grote verbeelding zonder veel scrupules omtrent historische authenticiteit, stelde het werk zo'n vijftig jaar na de feiten samen. Sinds 1866 heeft natuurlijk geen enkel historicus dat „Dood ze allemaal" nog aangehaald. De schrijvers van handboeken gebruiken het echter nog altijd, wat weer eens bewijst hoe traag wetenschappelijke aanwinsten en verworvenheden publiek eigendom worden.

Waarom die afstand tussen wetenschap en de algemene kennis? Hoe en in welke omstandigheden is die kloof ontstaan? Het is de moeite waard dat eens na te gaan.

---

(2) Onlangs schreef een journalist over „uitingen van bijna middeleeuwse barbaarsheid". Genieten wij van dat woordje *bijna.* In onze eeuw van concentratiekampen, gaskamers en Goelag gruwt men natuurlijk bij de barbaarsheid van een tijd die de portalen van Reims en Amiens zag ontstaan !

HOOFDSTUK 2

LOMP EN ONHANDIG

„La Renaissance, c'est la décadence", zei Henri Matisse. Vasari gebruikte de term renaissance (rinascita) voor het eerst, in het midden van de 16de eeuw. Het woord geeft goed weer wat men bedoelde en wat het ook vandaag nog voor velen betekent. „De kunsten en letteren die met het Romeinse bestel ten onder waren gegaan, leken nu na tien eeuwen duisternis weer stralend nieuw". Dat schrijft in 1872 de *Dictionaire général des lettres* [1], een van de encyclopedieën die op het einde van de 19de eeuw verschijnen. Het geeft een mooi beeld van de publieke opinie en het cultureel niveau van die tijd.

Wat er dus in de 16de eeuw „herboren" wordt, dat zijn de kunsten en de klassieke letteren. Toen, maar ook in de drie eeuwen daarna, was men ervan overtuigd dat er twee verlichte perioden waren : de oudheid en de renaissance — de klassieke tijdperken. Daartussen lag een „middentijd" — tussentijdperk, uniform blok, „ruwe eeuwen", „donkere tijden".

In deze tijd van structurele analyse is het wel eens interessant stil te staan bij de elementen die tot deze globale visie op ons verleden hebben geleid. Dat valt ons niet zo moeilijk, want het prestige van de klassieke tijd is nu grotendeels verdwenen. De laatste flarden hebben mei '68 niet overleefd. Het opnieuw in vraag stellen van de klassieke waarden zorgt voor enige verwarring, maar bezorgt ons gelukkig ook een zekere afstand, een zekere denkvrijheid.

Kenmerkend voor de renaissance — daar is iedereen het over eens — is de herontdekking van de oudheid. Al wie op

---

(1) Bachelet en Dezobry, uitgegeven bij Delagrave in 1872. Bij het opstellen van hun artikelen konden de auteurs op de medewerking rekenen van de intelligentsia van die tijd.

dat moment naam heeft in de wereld van kunsten, letteren en ideeën, geeft blijk van hetzelfde enthousiasme voor de antieke wereld. Lorenzo de Medici uit Firenze gaf elk jaar een banket ter gelegenheid van de verjaardag van Plato ; Dante koos Vergilius tot gids voor zijn Hel en Erasmus vereerde Cicero als een heilige. Nog voor de 15de eeuw was deze beweging begonnen in Italië, in Frankrijk werd ze vooral gedurende de volgende eeuw verspreid, in de Nederlanden nog later, maar dan ook zwakker. Bijna heel het Westen, heel Europa werd erdoor beroerd. Enkele woorden volstaan om ons het Firenze van de Medici's voor de geest te halen, zijn monumenten getooid met frontons, zuilengalerijen en koepels, zoals in de antieke bouwkunst. Wij zien ook het beroemde Collège de France voor ons, waar alle humanisten met ongeevenaarde ijver de literatuur van de oudheid bestudeerden, het Leuvense Collegium Trilingue met Erasmus, en het manifest van de Pléiade, waarin gepleit wordt om het Frans met Griekse en Latijnse woorden te verrijken.

Wanneer men echter nagaat waarin deze wedergeboorte van de antieke gedachten en uitdrukkingsvormen bestond, dan blijkt al onmiddellijk dat het hier een bepaald soort oudheid betrof : in Griekenland de tijd van Pericles en in Rome wat zich daarop richtte. Het ging dus alleen om de klassieke denkbeelden en uitdrukkingsvormen : het Rome van Caesar en Augustus, maar niet de Etrusken ; het Parthenon, maar niet Kreta of Mykene ; architectuur, dat was Vitruvius en beeldhouwkunst Praxiteles. Wij schematiseren natuurlijk, maar niet meer dan de mensen die het woord renaissance gebruiken. En dat doet heel de wereld.

Het woord wordt op veel manieren aangewend. De geschiedenis heeft aangetoond dat de Latijnse en zelfs de Griekse schrijvers reeds gedurende de middeleeuwen goed bekend waren, dat de bijdrage van de oudheid — de klassieke maar ook de andere oudheid — lang niet geminacht of verworpen werd. Kennis van de oudheid werd als een onmisbaar bestanddeel van de eruditie beschouwd. Het proza van de mysticus Bernardus van Clairvaux was doorspekt met antieke citaten. Wanneer hij de spot drijft met de zuiver intellectuele kennis, dan doet hij dat door Persius Flaccus te citeren — een auteur die lang niet elke intellectueel uit de meest „klassieke" tijden bekend was!

In onze eeuw zijn de geleerden de term renaissance bovendien op een andere manier gaan gebruiken. Toen zij merkten dat aan het hof van Karel de Grote de Griekse en Latijnse auteurs druk gelezen werden, begonnen zij over de „Karolingische renaissance" te spreken, en dat is de gebruikelijke term geworden. Anderen waagden zich nog verder en spraken over de „renaissance van de 12de eeuw" of van het „middeleeuws humanisme". Geen van die termen is echter populair geworden, waarschijnlijk omdat zij teveel van het gebruikelijke afweken. Zo gaat men van de ene renaissance in de andere over, en dat lijkt verdacht.

Uit teksten en monumenten uit die tijd, blijkt dat de renaissance van de 16de eeuw wordt gekenmerkt door het principe van de nabootsing van de klassieke wereld en daardoor verschilt van alle voorgaande „renaissance". De kennis van die wereld stond toen al een tijdje goed aangeschreven. Onvermijdelijk denkt men hier aan het belang van Ovidius' *Ars Amandi* in de briefwisseling van de 11de eeuw en van de Aristotelische filosofie voor de gedachtenwereld van de 13de eeuw. Het spreekt vanzelf dat de renaissance gewoon niet mogelijk was geweest als de antieke teksten niet waren bewaard gebleven in middeleeuwse handschriften. Om de „herontdekking" van de oude schrijvers uit te leggen, heeft men weliswaar gewezen op de plundering van Constantinopel door de Turken in 1453. Bibliotheken met antieke werken die te Byzantium bewaard waren gebleven, zouden dan inderdaad naar Europa zijn overgebracht. Uit een nader onderzoek blijkt echter dat dit slechts een geringe, en zeker geen determinerende factor kan geweest zijn. Dat wordt overduidelijk bewezen door de bibliotheekcatalogi van vóór de 15de eeuw. De bibliotheek van de Mont-Saint-Michel bevatte in de 12de eeuw ondermeer werken van Cato, de *Timaios* van Plato (in Latijnse vertaling), verschillende werken van Aristoteles en Cicero en uittreksels uit Vergilius en Horatius.

Het nieuwe, dat was de manier waarop men de klassieke oudheid gebruikte. Vroeger beschouwde men die als een schat waar men onbeperkt uit putten kon, een schat van wijsheid, wetenschap en artistieke of literaire procédés. Nu echter begon men die klassieke werken te zien als na-te-bootsen voorbeelden. De Ouden hadden immers volmaakte kunstwerken gemaakt, zij hadden de Schoonheid zelf bereikt. Hoe beter men die werken nabootste, hoe dichter men dus dat schoonheidsideaal benaderde.

Vandaag de dag kunnen wij ons moeilijk voorstellen dat bewondering van een bepaalde kunst moet leiden tot absolute nabootsing. Dat is nochtans gebeurd in de 16de eeuw. Bernardus van Chartres (12de eeuw) drukte zijn bewondering voor de filosofen uit de oudheid als volgt uit : „Wij zijn dwergen die op de schouders van reuzen zijn gekropen". Toch voegde hij daaraan toe dat hij op die manier „verder kon zien dan zij".

De renaissance brengt echter een ingrijpende mentaliteitsverandering teweeg. Het „verder zien" dan de Ouden is ondenkbaar geworden, de oudheid is een model van schoonheid voor verleden, heden en toekomst. We staan hier trouwens voor een eigenaardig verschijnsel in de geschiedenis van de mensheid : deze nieuwe zienswijze ontstond op het ogenblik dat men onmetelijke nieuwe gebieden ontdekte, andere oceanen en een nieuw werelddeel. In plaats van zich naar deze nieuwe horizonten te richten, keerde men, vooral in de romaanse wereld, terug naar het antiekste van de oude wereld. Men geloofde echt dat Vitruvius een „ontdekking" was en vond bij hem de wetten van de klassieke bouwkunst. Vandaag weten we echter dat de manuscripten van Vitruvius betrekkelijk veel voorkwamen in de middeleeuwse bibliotheken. Nu nog zijn er een vijftigtal exemplaren ouder dan de 16de eeuw bewaard gebleven. Wanneer men in de middeleeuwen Vitruvius copieerde, dan bestudeerde men gewoon zijn principes, zonder de behoefte te voelen ze precies te gaan toepassen [2].

Straks spreken wij over de imitatiewet in de letterkunde. In de architectuur en de plastische kunsten is de breuk tussen de middeleeuwse monumenten enerzijds en de werken uit de 16de eeuw en de klassieke oudheid anderzijds, vandaag nog goed te merken. Er zijn weinig steden waar getuigen van beide tijdperken niet broederlijk naast elkaar staan. Hun contrasten en opeenvolging in de tijd zijn even goed te volgen als de archeologische lagen bij een opgraving. Het duidelijkste voorbeeld ziet men te Parijs, aan beide oevers van de Seine : aan de ene kant de Sainte-Chapelle en de torens van de Conciergerie, en aan de andere kant het plein van het Louvre. Ook de Parijzenaars zelf stonden voor een dergelijke breuk in 1549. Bij de intrede van koning Hendrik II werd beslist de ouderwetse „bateleiges" af te schaffen [3]. Dit hele kermisgebeuren waarmee voorheen de koning in zijn hoofdstad werd begroet, werd nu opgeofferd aan antieke decors, zuilen, frontons, Dorische, Ionische of Korintische kapitelen. Daarin liet men uitsluitend nimfen en saters optreden die geleken op Griekse of Romeinse beelden. De voorgevel van Saint-Etienne-du-Mont getuigt, in alle naïviteit, van dit verlangen om de drie antieke bouwstijlen getrouw na te bootsen, de een boven de ander. Het Pantheon, iets jonger, is een trouwe nabootsing van een klassieke tempel.

Vandaag de dag vinden wij het principe zelf van de nabootsing, de smaak van het model en voor de copie niet te verantwoorden. Colbert liet de jongelui die hij naar Rome

(2) Bertrand Gilles, technisch historicus, vertelt het volgende verhaal. In 1525-26 wilde de senaat van Venetië een boot laten bouwen om het tegen de piraten te kunnen opnemen. De plannen van een meester in het vak schoof men terzijde voor een vijfriemer naar antiek model, voorgesteld door de humanist Faustus. *Techniques et civilisations,* II, 1953, nr. 5-6, blz. 121.

(3) Het woord is afgeleid van „bateleur" : jongleur, foorkramer. De intrede van de koning gaf aanleiding tot volkse feestelijkheden.

zond om plastische kunsten te studeren, opdragen dat ze „de antieke meesterwerken moesten copiëren zonder er iets aan toe te voegen". Dit principe van de imitatie zou, althans in officiële kringen, zeer lang opgeld doen. Als men het scherp wil stellen, zou men zelfs kunnen zeggen dat, zeker in een land als Frankrijk maar ook elders, de klassieke cultuur tot op heden als de enige vorm van cultuur wordt beschouwd. Tot voor kort was men slechts „beschaafd" als men Latijn of Grieks kende, en moesten alle studenten Schone Kunsten, ook toekomstige architecten, zich vooral bezighouden met het natekenen van Griekse of Romeinse gipsbeelden. Slechts een paar werken buiten de klassieke hadden ook artistieke waarde, maar erg waardevol of authentiek waren ze niet. Het gold hier de Chinese kunst, mode in de 18de eeuw, en, ten gevolge van Napoleons tochten, de klassieke Egyptische kunst. Op deze twee toegevingen aan het exotisme na, lag alle schoonheid voor architectuur en beeldhouwkunst respectievelijk bevat in het Parthenon en de *Venus van Milo.*

Nu zijn dat inderdaad werken die bewondering kunnen afdwingen, maar vandaag vraagt men zich toch af hoe zo'n enge visie ongeveer vier eeuwen lang de toon kon aangeven. Zo was het nochtans : naast die bijna uniforme klassieke visie van het Westen was geen plaats voor een ander schema, een ander criterium. Nogmaals, men vond dat de eeuw van Perikles de ideale Schoonheid bereikt had en hoe dichter men de werken uit die tijd benaderde, hoe eerder men de volmaaktheid zou bereiken.

Indien men aanneemt dat de kunst er inderdaad definities en modellen op na moet houden, dan is deze esthetica op zichzelf misschien even waardevol geweest als veel andere. We hoeven trouwens niet te bewijzen dat zij dat was. Zij heeft ons de aristocratische verblijven van l'île Saint-Louis te Parijs opgeleverd, het Duivelshuis te Arnhem, de stadhuizen van Delft en Antwerpen, de Griffie van het Brugse Vrije, de Bollaertskamer te Gent, het Landhuis te Deventer en nog heel wat meer burgerlijke gebouwen. Het eigenaardige van die esthetica is wel haar exclusief en absoluut karakter, waarbij over de middeleeuwen de banvloek werd uitgesproken. Alles wat niet aan de Griekse of Romeinse beeldhouwkunst beantwoordde, werd meedogenloos verworpen. Molière sprak van „de flauwe smaak van de gotische versieringen". De priester-theoreticus Laugier schreef in zijn *Beschouwingen over de bouwkunst:* „Naarmate de kunsten verfijnd werden heeft men de belachelijke snuisterijen die onze gotische kerken ontsierden, willen vervangen door versieringen die van een verfijnder en zuiverder smaak getuigen". Hij is blij dat de gotische zuilen in het koor van Saint-Germain-l'Auxerrois „omgetoverd werden tot gegroefde kolommen". De nabootsing van de oudheid betekende dat men zich toelegde op het vernietigen van wat getuigde van de „gotische" tijd (sinds Rabelais betekende dit woord „barbaars"). De gotische kunstwerken waren echter te talrijk en het zou te duur geworden zijn ze allemaal neer te halen. Een groot aantal heeft zo goed en zo kwaad als dat ging, stand gehouden. Het is echter bekend dat in de 17de eeuw een gids verscheen voor wie de gotische gebouwen wou vernietigen: die schaadden immers het nieuwmodische stadsbeeld. Alles moest herdacht, geordend en verbeterd worden om aan de vereisten van Vitruvius of Vasari te voldoen.

Bij deze beschrijving van de wet van de nabootsing zal luid geprotesteerd worden. Men zal zeggen dat ik de zaak te simplistisch voorstel en zeggen dat er nog altijd het genie is dat boven de wet van de nabootsing, boven academische en andere canons uitstijgt. Ik zal niet proberen die protesten te weerleggen. Het zou inderdaad zinloos zijn te ontkennen dat bepaalde monumenten uit de klassieke tijd schoonheid en grootheid uitstralen. Het genie van hun scheppers heeft hier de wil tot nabootsing doeltreffend weten te assimileren. Het heeft bovendien weinig zin zich even eenzijdig en vooringenomen te gaan opstellen als tijdens de academische eeuwen. Is het niet een van de weldaden van de geschiedenis dat zij ons leert niet in de fouten van het verleden te vervallen, in dit geval het kortzichtige weigeren iets te aanvaarden dat niet beantwoordde aan de gangbare esthetica, namelijk de esthetica van de oudheid?

De grondslag van de geschiedenis werd niettemin gelegd in een tijd die van deze klassieke visie doordrongen was. Het leek toen zo vanzelfsprekend de absolute Schoonheid te vereenzelvigen met de werken uit de oudheid, met de *Apollo* van het Belvédère of de *Augustus* van het Vatikaan. Automatisch ging men de kunstwerken uit de middeleeuwen dezelfde normen aanleggen. André Malraux zei het zo: „Men oordeelde voorbarig dat, als een gotisch beeldhouwer er niet toe gekomen was een klassiek beeld te maken, de oorzaak moest gezocht worden in onkunde". En de romaanse beeldhouwer dan! Hij had wel beelden willen maken als de *Nike van Samothracië,* maar toen dat niet lukte moest hij zich noodgedwongen tevreden stellen met de kapitelen van Vézelay of de kerkportalen van Tongeren, Sint-Basilius te Brugge, of Moissac. Hij had zo graag „een echt beeld gemaakt waar men rond mocht lopen...", zegt zo'n kunsthistoricus. Hij had zo graag het fries van het Parthenon of de Trajanuszuil nagebootst, maar neen, in zijn „lompheid" en „onhandigheid" — de geijkte termen waarmee op school de romaanse kunstenaars werden en misschien nog worden gekenmerkt — kwam hij er slechts toe de Christus van Autun met een duizelingwekkende schepping te omringen en ontplooide hij de heilsgeschiedenis in het koninklijk portaal van Chartres.

Wij spreken hier alleen over beeldhouwkunst, want de klassieke tijd verafschuwde de schilderkunst — of liever: de kleur — zozeer dat men er niets beters op vond dan de romaanse en gotische muurschilderingen te overpleisteren en de brandglasramen te vervangen door wit glas. Dat is zowat overal gebeurd. Men kan het zo stellen dat het slechts een gelukkige vergetelheid is die ons toelaat vandaag in Chartres, Le Mans, Straatsburg en Bourges een idee te krijgen van de middeleeuwse kleurenrijkdom. De rozetten in het transept van de Notre-Dame te Parijs zijn slechts bewaard gebleven — de schade uit de tijd van de Revolutie buiten beschouwing gelaten — omdat men vreesde ze niet te kunnen reconstrueren. Dat is toch wel een mooi eerbetoon aan de middeleeuwse bouwers! Dé kunst van de klassieke tijd was de beeldhouwkunst, het hoogreliëf. In de middeleeuwen kwam dat heel weinig voor, om verschillende redenen, maar vooral omdat men liever een oppervlak bewerkte dan een driedimensioneel voorwerp te maken. Het is dan ook voor de kunsthistoricus van de middeleeuwen een cruciale vraag geweest hoe de beeldhouwers „opnieuw" hebben leren beeldhouwen. Men vertrok van de gedachte dat de beeldhouwkunst een „vergeten" kunst was. Alle pogingen mondden uit in „onhandige kinderlijke probeersels" (kinderlijk was toen nog geen bewonderende term!). Zo kwamen kunsthistorici tot volgende waardeoordelen : beeld dat getuigt „van een wilde lelijkheid" (het gaat hier om de beroemde Sainte-Foy van de schat van Conques), „erg lompe illustraties" (over de befaamde bijbel van Amiens), „een afschuwelijke nabootsing van een menselijke gestalte..." [4].

De klassieke visie heeft nog een ander gevolg gehad, dat nu nog doorwerkt : in een kunstwerk heeft men slechts oog voor „bronnen" en „invloeden".

Niets ontstaat uit het niets, en het spreekt vanzelf dat men de bronnenstudie nooit uit de weg mag gaan. Door de kunstgeschiedenis te beperken tot de studie van de „invloeden" die tot een bepaalde kunstvorm hebben geleid, is men echter tot verkeerde besluiten gekomen. De kunst uit de klassieke tijd beroept zich op de nabootsing van de antieke wereld ; zij verwijst naar modellen en maakt daar trouwens aanspraak op. Een beeldhouwer ging er prat op de canons van Polycleites strict te hebben gevolgd, en een schilder dat hij zich aan de wetten van het perspectief onderworpen had. Men weet

(4) Geen referenties hier. De overigens verdienstelijke historici die ervoor verantwoordelijk zijn, bezitten meer geleerdheid dan artistieke gevoeligheid.

hoe verrukt Leonardo da Vinci was toen een hond begon te blaffen naar zijn geschilderde meester, zo treffend was de gelijkenis. Uit de *Verhandeling over de Schilderkunst* van Diderot, dat wetboek van het bombastische, wordt onmiddellijk duidelijk dat ook de schilderkunst slechts bestond bij gratie van een heel apparaat van wetten en referenties die de perfectie garandeerden. Het bevat de wetten voor het „historisch landschap", voor het „gewone landschap", waarbij vandaag zelfs de minst kritische lezer de schouders zou ophalen.

Vanuit datzelfde principe heeft een hele massa kunsthistorici water en bloed gezweet om voor de middeleeuwse kunst bronnen, invloeden en oorsprongen te vinden van waaruit de nabootsing had kunnen vertrekken. Zij moesten inderdaad wel iets nagebootst hebben, want kunst was nabootsing van de natuur of van de antieke meesters, die zelf de natuur hadden nagebootst. In de 18de eeuw was iedereen ervan overtuigd dat heel onze gotische kunst een Arabische inplanting was. De eeuw daarop ging de kunstgeschiedenis wetenschappelijker te werk, maar het principe van de imitatie bleef voorop staan. Toen echter de afstand tussen kunstwerk en „model" te groot bleek, ging men elders zoeken. In het begin van de 20ste eeuw verscheen *Rome of het Oosten?* van de historicus Strzygowski. Het leek een verwarrende vraag, maar ons klinkt ze wat naïef in de oren. Toen men in Rome het vereiste model niet vond, zocht men in de richting van het Oosten. Het voordeel van deze onduidelijke term was bovendien dat het onderzoeksterrein toch tenminste verruimd werd. Zo kwam men tot regelrechte dwaasheden, zoals volgende commentaar op een kapiteel in de Saint-Andoche van Saulieu, waarop gestyleerde bladeren te zien zijn : „Elsbladeren. Heilige boom van de Perzen. Sassanidisch-Perzische invloed". Het beeld van die kleine Boergondische beeldhouwer die zich toelegt op het nabootsen van de Sassanidische Perzen kan als voorbeeld dienen van de fout die hier wordt gemaakt. In plaats van de kunstwerken op zichzelf te bestuderen, in de gemeenschap waarin ze ontstonden en beantwoordend aan de plaatselijke behoeften en mentaliteit, wilden de kunsthistorici perse de banden met veronderstelde archetypes onderzoeken, en die gingen ze vaak heel ver zoeken...

De klassieke visie leidde er bovendien toe alleen aandacht te schenken aan figuratieve werken, of toch tenminste afbeeldingen die iets voorstelden (zij het onhandig, dat weten we al). Zo kon men teksten opzoeken, afbeeldingen identificeren, verwantschappen en invloeden nagaan, — kortom, het „typische" werk van de kunsthistoricus beoefenen. Hoewel de romaanse kunst een merkwaardige weerstand bood tegen verwantschappen en invloeden, toch zouden zo'n theorieën opgeld blijven doen tot aan de herontdekking van de middeleeuwen door de romantici, die men nooit genoeg zal kunnen prijzen. Het is evenzeer aan Victor Hugo te danken dat wij vandaag de Notre-Dame te Parijs kunnen bekijken, als aan Viollet-le-Duc. Niettemin bleef ook in hun tijd het principe van de imitatie van kracht, zodat men zoals de oudheid ook de „middeleeuwen" heeft nagebootst. Een resultaat daarvan is de Sainte-Clotilde te Parijs, een getrouwe copie van een gotische kathedraal — zo getrouw dat ze absoluut onbelangrijk wordt, even onbenulllig als de Madeleine, waarmee men het Parthenon heeft nagebootst.

De artistieke en literaire getuigenissen van „die tijden die men donker noemt", komen nu echter in de belangstelling en men begint te beseffen dat alle kunst in de middeleeuwen uitvinding was. Dat is een belangrijke uitvinding, want ze maakt de inspanningen van veel later, in een eeuw van artistieke omwenteling, waardevol en belangrijk. Monet en Cézanne stonden dichter bij de schilders van Saint-Savin of van Berzé-la-Ville dan bij Poussin of Greuze ; Matisse leefde lang genoeg om dat te beseffen : „Als ik hen had gekend, had mij dat twintig jaar werk bespaard". Dat zei hij bij het verlaten van de eerste tentoonstelling van romaanse fresco's, die in Frankrijk werd gehouden, kort na de oorlog van 1940. Het spreekt vanzelf dat een Matisse zich heel anders uitdrukte dan de romaanse schilders. Had hij die echter gekend, dan had hem dat een innerlijke vrijheid gegeven die hij nu beetje bij beetje, tegen wat hem geleerd was in, heeft moeten veroveren.

De schoolse discussies over de vraag of kunst uitvinding dan wel nabootsing is, zijn vandaag totaal voorbijgestreefd. Wij moesten ze echter behandelen, want generaties lang, tot en met de onze, is ze zeer belangrijk geweest zowel voor de plastische kunsten als voor de letterkunde. In de feodale tijd noemde men de dichter *trouvère,* degene die vindt, vinder, troebadoer — anders gezegd, de uitvinder. Uitvinden moeten we hier begrijpen in de zin van ontdekken, zoals men een schat ontdekt of het feest viert van de Vinding van het Kruis.

Uitvinden betekent tegelijk gebruik maken van verbeeldingskracht en speurzin en ligt aan de basis van elk artistiek of letterkundig werk. Vandaag lijkt dat vanzelfsprekend. Toch leek vier eeuwen lang het tegengestelde postulaat even vanzelfsprekend. Men moet dan ook niet verwonderd zijn als er vandaag enige verwarring bestaat over de vormen die de uitvinding, de scheppende kracht, aanneemt.

Hier kan de studie van het verleden zeer leerzaam blijken. De liefhebber van romaanse kunst zal in Europa en het Nabije Oosten overal dezelfde bouwtypes aantreffen, dezelfde rondbogen boven dezelfde pijlers, dezelfde vensters in een halve cirkel — kortom, monumenten die allemaal aan een zelfde verbeelding ontsproten zijn. De modernste tijd wordt verweten dat ze met een vermoeiende uniformiteit „grote gehelen" verspreidt over de vijf continenten. De romaanse tijd kan men hetzelfde verwijten.

De hedendaagse kunstenaar zou zich bij een studie van de romaanse kunst wel kunnen afvragen waar het „uitvinden" dan wel zit. Vandaag de dag wordt inderdaad vooral originaliteit nagestreefd, wat in de schilderkunst, bijvoorbeeld, aan de waanzin grenst. Anderzijds zijn er tegelijk architecten die afstand doen en verzaken, en van de stad een verzameling konijnehokken maken. En dat gebeurt nog wel op het ogenblik dat de jeugd er zich plotseling van bewust wordt dat de mens niet als een konijn kan leven.

Zou de verantwoordelijkheid niet liggen bij de vorming van de architecten? De architecten van de klassieke tijd en het architectuuronderricht tot op onze dagen hebben zich over problemen van het uiterlijke gebogen : het bekomen effect, de schikking van de gevels, de regelmatige opstelling van de gebouwen, de frontons, de antieke decors... Het kwam bij niemand op te beginnen met een onderzoek naar de mogelijke behoeften van de gebruikers.

De constructietechnieken werden steeds beter en binnenkort zou men beseffen dat men het zonder architect kon stellen, als er maar een ingenieur was die instond voor de weerstand van de materialen, leidingen, toegangen, binneninrichting, enz.

De eerste toepassingen van een werkelijk moderne architectuur vinden we echter ver van ons, in Finland met een Saarinen, in de Verenigde Staten met Frank Lloyd Wright enz. In een land als Frankrijk hebben de wetten van de klassieke architectuur lang en zwaar gewogen op de architectenvorming. De enige bouwer die resoluut vernieuwd heeft of toch tenminste enkele principes heeft uitgewerkt waarbij rekening werd gehouden met de mens die in de gebouwen zou leven, is Le Corbusier — en hij was een buitenlander die de Franse akademie voor Schone Kunsten niet heeft ondergaan.

De plaats voor de architect wordt vandaag kunstmatig in stand gehouden, de rol waarop hij werd voorbereid kan niet meer gespeeld worden : geboren in een klassieke tijd, is hij wellicht ook met die tijd gestorven. De uitvindsels van sommigen onder hen kan men moeilijk meer dan kostelijke grapjes noemen. De architecten die instonden voor de nieuwe basiliek te Lourdes hebben tenminste onmiddellijk hun onvermogen toegegeven en gaven de voorkeur aan een zuiver functioneel, ondergronds gebouw. Deze duidelijke onmacht staat in scherpe tegenstelling tot wat men ziet gebeuren met wegenaanleg en vliegwezen : technische successen die meestal ook esthetisch geslaagd zijn.

Is de fout niet geweest dat men allereerst „schoonheid wilde scheppen"? Men kan hier opwerpen dat de woningen en herenhuizen uit de 17de en 18de eeuw, de kastelen van de financiers of bekende parlementsleden uit die tijd, en natuurlijk Versailles, toch werkelijk geslaagd zijn. Dat spreekt vanzelf. Ze vertegenwoordigen echter een tijd van opvattingen die vandaag niet meer gangbaar zijn. Er spreekt bovendien een zekere zin voor praal en handwerk uit die geleidelijk is afgezwakt.

Hierbij rijzen onvermijdelijk vragen omtrent kunst en luxe. In de 19de eeuw twijfelde men er niet aan dat die twee samengingen. Wanneer de onvergelijkelijke Thiers de burger verdedigde, beklemtoonde hij tegelijk dat het de rijke was die door zijn vrijgevigheid het kunstwerk deed ontstaan. Dat lag in de lijn van de klassieke opvattingen. Hij kon echter geen onderscheid maken tussen kunst en kunstvoorwerpen, dat bewijst zijn persoonlijke verzameling : in een Louis-Philippe kader bracht hij een vreselijke collectie van antieke gipsbeelden en copieën van de prijs van Rome samen.

Intussen werden de mensen met werkelijke artistieke smaak verdrongen door een maatschappij die niet langer in staat was buiten de academische opvattingen nog kunst te herkennen. Miserie, waanzin en zelfmoorden waren typisch voor die tijd en maken van de kunstgeschiedenis van het einde van de 19de en het begin van de 20ste eeuw een ware lijst van martelaren, Soutine, Gauguin, Modigliani, Van Gogh enz. Zij waren de bewerkers van een picturale revolutie die ons losmaakte van de klassieke zienswijze en velen weldra anders zou leren *zien* dan volgens de academische canons. Zij werden in de ban geslagen door een maatschappij die vastgeroest zat in haar denkgewoonten ; bewonderaars van hun werk — iets wat ons nu normaal lijkt — werden als buitenissig beschouwd. Dat duurde tot hun landgenoten beseften dat prachtige zaakjes aan hun neus voorbij waren gegaan en dat kunst ook een beleggingsvorm was. Toen begon een tegengestelde stroming : een Gauguin werd hoger genoteerd dan een gothische kathedraal [5]. Dit alles heeft echter maar weinig met de echte kunstgeschiedenis te maken. De komende generaties (en het begint nu al) zullen ongetwijfeld verontwaardigd zijn als ze zien dat wij ook kunst binnen het domein van de speculatie hebben gebracht, en dat wij ook hier datzelfde 20ste eeuwse naïeve vertrouwen in cijfers aan de dag legden. Het zal ons niet tot eer strekken.

Men kan zich afvragen of de jongeren die een kunstwerk beschouwen als een extasemoment, een *happening,* uiteindelijk niet dichter bij de pre-klassieke opvattingen staan. Een kunstwerk wordt gemaakt en weer vernietigd als de ontroering voorbij is. Zij verwarren echter het *heden* met het *ogenblik.* Gedurende de hele middeleeuwse periode werd de kunst inderdaad niet van haar oorsprong afgesneden. Zij drukt *het Gewijde* uit. Deze band tussen de kunst en het heilige is eigen aan de mens, in alle beschavingen. Dat wordt bevestigd door specialisten in de prehistorie ; zelfs de grotkunst geeft daar reeds blijk van [6]. In alle rassen en klimaten is deze nauwe band tot uiting gekomen, deze typisch menselijke neiging om het heilige, het transcendente, in zijn tweede taal, de kunst onder al haar vormen, uit te drukken. Zo heeft, in de tijd en in de ruimte, elke generatie haar eigen gelaat gehad. Dank zij de moderne vervoer- en reproductiemiddelen kunnen wij daar stuk voor stuk mee kennismaken. Het is echter betekenisvol te zien dat het failliet, het verval van de artistieke activiteit in de 19de eeuw, samenvalt met de mercantilistische opvattingen over het „kunstvoorwerp". Merk op dat in diezelfde tijd ook het „devotievoorwerp" ontstond, een erbarmelijk afgietsel van het heilige, bestemd voor de winkels. Zelfs vandaag valt het nog op dat artistieke onmacht meestal samengaat met een afwezigheid van het gewijde. Aan de artistieke poverheid kan men merken

(5) Te Senlis werd een gothische kerk verkocht voor 13 miljoen oude Franse frank. Hoeveel schilderijen haalden toen geen hogere prijs !

(6) Wij verwijzen hier slechts naar André Leroi-Gourhan, met o.a. *Préhistoire de l'art occidental,* Parijs, Mazenot, 1965.

hoever men in bepaalde landen, sekten, kerken en zelfs religieuze gebouwen, van het heilige verwijderd is. In de vorige eeuw kon men misschien nog geloven dat rijkdom of armoede hieraan ten grondslag lagen, maar nu niet meer. Werkelijke armoede kan immers dikwijls prachtig zijn. Denken wij maar aan de schilderkunst in de catacomben en in talrijke landelijke kerken. Anderzijds zou heel wat originele schoonheid in onze gebouwen vernietigd worden door ijverige priesters die, bezield door het lofwaardige verlangen naar armoede, armoede hebben verward met onooglijkheid.

Misschien moeten wij in deze richting het scheppingsgeheim zoeken dat van het kleinste romaanse kapiteel een oorspronkelijk werk maakt. Het gelijkt zo goed op alle andere en versmelt met de algemene lijn van het gebouw. Toch kunnen zelfs de getrouwste copie en het meest precieze afgietsel niet verbergen dat ze vals zijn. Het functionele karakter, de technische bruikbaarheid schaden hier geenszins de artistieke kwaliteit, integendeel ; de kunst kan immers niet aan een „gebruiksvoorwerp" worden toegevoegd, in tegenstelling tot wat Ruskin en zijn school geloofden. Kunst wordt samen met het voorwerp geboren, bezielt het of is integendeel onbestaande. Dat is de les die de gothische en ook de romaanse kunst ons leren, en daar staat men vandaag wel open voor.

Laten wij de vraag nu weer in het algemeen stellen. Zonder overdrijving kan men beweren dat zowel in de romaanse als in de moderne tijd de bouwkunst zowat overal dezelfde normen toepast. Bewust of onbewust is men tot een zeker akkoord gekomen over afmetingen of standaardmaten en dat volgens min of meer vaste plannen. Dat merkt men duidelijk in de abdijen. De gebouwen zijn overal op dezelfde manier geschikt, volgens de behoeften van het gemeenschapsleven : kapel, slaapzaal, eetzaal, klooster en kapittelzaal. Daarbij komen nog varianten naargelang de levenswijze van de verschillende ordes : kleine huisjes bij de kathuizers, schuren en werkplaatsen bij de cisterciënzers enz. Nooit geleken de bouwplannen bij de verschillende volkeren meer op elkaar. Of het nu om religieuze constructies of om vestingen ging, nooit was het duidelijker dat hier functioneel gebouwd werd: de vereisten van de liturgie en van de verdediging bepaalden de architectonische vorm.

Zo komt het dat men overal in Europa en het Nabije Oosten gelijkaardige romaanse bouwwerken aantreft. Het konden heel nederige bouwsels zijn, kleine plattelandskerken of Tempelierskapellen, met een eenvoudig rechthoekig grondplan en een halfcirkelvormige absis voor het koor of een recht afgesloten ruimte achter het koor. Dit basisplan leverde al wat men nodig had: een cultusplaats en een verzamelpaats. Het kon ook een ruime bedevaartskerk worden met een kooromgang en straalkapellen waar priesters op doorreis de mis konden opdragen. Aan het drievoudige gewelf beantwoordden drie portalen, op de galerijen konden massa's mensen plaatsnemen. De vernieuwingen in de gothische stijl, zoals de kruisbeuk en spitsbogen en de luchtbogen, komen hoofdzakelijk neer op technische ontwikkelingen. De bouwstijl van de kastelen hangt samen met de ontwikkeling van de belegeringstaktiek en de bewapening.

Hoe komt het dan dat elk gebouw een eigenheid vertoont, waardoor men het niet kan verwarren met een ander gebouw van hetzelfde type? Hoe komt het dat de abdijen van Fontenay en van Thoronet van elkaar verschillen, hoewel het allebei cisterciënzerabdijen zijn die op dezelfde behoeften zijn afgestemd, onder dezelfde voorwaarden en naar hetzelfde grondplan werden gebouwd? Waarin liggen de nuances waardoor men drie zusterabdijen uit dezelfde streek, Thoronet, Silvacane en Sénanque niet met elkaar kan verwarren? In sommige gevallen kan men verwijzen naar het beeldhouwwerk en de versiering. Bij deze cisterciënzerabdijen treft men dat echter praktisch niet aan. Ook dat is op de specifieke behoeften afgestemd: de cisterciënzer hervorming wilde door beeldhouwwerk, kleur en versiering af te schaffen, de ascese bevorderen.

Het is echter net alsof voor elk monument de romaanse kunst opnieuw werd uitgevonden. De bouwer wendde zijn creativiteit aan om het nuttige te realiseren. Of beter : uit de noodzakelijke functies ontstonden vormen die tegelijk gelijkend en nieuw waren. Men was er zich toen van bewust dat de mens geen eigenlijke vormen uitvindt, maar wel onuitputtelijk veel combinaties van vormen kan bedenken. Alles was aanleiding tot schepping, alles wat zijn geest hem ingaf werd een thema voor versiering.

De versiering kan immers niet van het gebouw worden losgemaakt, is er bijna organisch mee vergroeid. We spreken hier natuurlijk niet over decor of opschik, maar wel over ornament, zoals het zwaard het ornament is van de ridder. Het voorbeeld is van de kunsthistoricus Coomaraswamy [7]. Ornament omvat dat noodzakelijke element van al wat nuttig is, datgene wat ontroert — wat ons roert, in beweging brengt. Men wist toen dat men van alles iets groots moest maken, vandaar de tijd die men besteedde aan gewelfsleutel en kapiteel. De steenkapper volgde zijn inspiratie, maar elk kende de plaats die hem in het gebouw was toegewezen. Zo werden hele bouwwerken, kathedralen zelfs, beschilderd — dat is gebleken bij recente reinigingen. Een Armenisch priester die op het einde van de 13de eeuw Parijs bezocht, verklaarde dat de gevel van de Notre-Dame op een mooie miniatuurbladzijde leek.

Vooral in de romaanse kunst is men uiterst zuinig met versieringen [8], men treft ze alleen aan waar lijnen of volumes samenkomen, aan vensters en portalen en op kroonlijsten.

(7) In *Why exhibit works of art*, Londen, Luzac, 1943. A.K. Coomaraswamy was conservator van de afdeling middeleeuwen van het museum van Boston, Mass. Zijn geschriften beïnvloedden hedendaagse schilders, met name Albert Gleizes. Van deze laatste is bekend dat hij hoog opliep met de romaanse kunst, op een ogenblik dat een man met smaak die moest misprijzen.

(8) Men leze hierover het werk van J. Baltrusaitis, *La Stylistique ornamentale dans la sculpture romane*, Parijs, E. Leroux, 1931, en natuurlijk ook het œuvre van de geniale H. Focillon, vooral *Art d'Occident*, Parijs, Collin, 1938.

Ze doen denken aan bepaalde versierde passages in het Gregoriaans. Ze drukken geestdrift uit en verrijken het geheel. De thematiek is zeer eenvoudig.

Die thema's kan men vergelijken met de noten van de toonladder in de muziek. Op het belang ervan hebben wij vroeger al gewezen [9]. Enkele altijd terugkerende motieven, die men ook in andere beschavingen aantreft, schijnen zowat het artistieke alfabet van die tijd te zijn geweest. Men bekommerde er zich helemaal niet om de natuur, de mens of het dagelijkse leven als dusdanig af te beelden. De eenvoudigste lijn en het nederigste kleurvlekje vertegenwoordigden toen een andere werkelijkheid. Het waren afspiegelingen van een zichtbaar of onzichtbaar universum die een nuttig oppervlak leven inbliezen. Die motieven, met oneindig veel varianten, doorkruisen de hele romaanse schepping. Soms vindt men gelijkenissen, zoals die „geplooide linten" die onvermoeibaar op de booggewelven worden aangebracht. Soms echter ontwikkelen ze zich tot de vreemdste plantenwerelden, tot monsterachtige wezens. Het enige wat schilders en kunstenaars, behalve het zichtbare universum, wilden afbeelden, dat was de Bijbel, het grootste beeldenrepertorium dat de mensheid ooit geschonken werd. De Heilige Schrift en de Schepping werden toen trouwens als de „twee tekenen van de godheid" beschouwd.

Het is pas vanaf de 13de eeuw dat deze opvatting verandert en dat zich, onder de vernieuwde invloed van Aristoteles, een nieuwe esthetica van vormen en verhoudingen ontwikkelt [10].

Zo kunnen wij de romaanse portalen van Santiago de Compostela tot Bamberg stuk voor stuk bekijken, of alle kapitelen die in het musée des Augustins te Toulouse werden

(9) *Sources et clés de l'art roman* door R. Pernoud, M. Pernoud en MM. Davy, Parijs, Berg International, 1974.

(10) Zie Bruyne (Edgar de), *Etudes d'esthétique médiévale,* Brugge, De Tempel, 1946, 3 dln. Rijksuniversiteit te Gent, Werken uitgegeven door de Faculteit van de Wijsbegeerte en Letteren, Aflevering 97-99.

verzameld, of torens als die van Tournus, Doornik en Maastricht, en proberen te vatten wat deze perfecte werken zo'n uitzonderlijke waarde verleent. Wij kunnen die zin voor versiering rond eenzelfde thema ook heel eenvoudig illustreren met een detail uit het dagelijkse leven, typisch voor een hele mentaliteit. Het betreft de kap, het voor die tijd gebruikelijke hoofddeksel. Ze is heel oud, want de middeleeuwse kap is niets anders dan de pelerine met kap van de Kelten, onze voorouders. Deze eenvoudige pelerine die hoofd en schouders bedekte, gaf het ontstaan aan de monnikspij en ligt ook aan de basis van de meeste hoofddeksels voor vrouwen en mannen tussen de 6de en de 15de eeuw. Die pelerine met kap van de herders op het doksaal van Chartres of de landlieden van Jean Bourdichon, is men altijd blijven dragen. Soms omsloot die kap niet meer het gezicht, maar alleen de schedel, en, hoewel de samenstellende elementen dezelfde blijven, geeft dat weer aanleiding tot vernieuwingen. Men gebruikt verschillende materialen (wol, fluweel, zijde) en drapeert de stof op verschillende manieren, de panden naar voren, in tulbandvorm of verbredend tot een steek. Zo ontstonden alle hoofdtooien die men nu nog ziet op de fresco's, miniaturen en zelfs op de schilderijen van Fouquet. De kap wordt voortdurend opnieuw uitgevonden, hoewel de oorspronkelijke vorm niet wordt gewijzigd. Zij is dus wel typisch voor de mens die haar draagt, tegelijk door haar uiterste eenvoud en functioneel zijn en door de onuitputtelijke creativiteit waarin de bezitter zijn persoonlijkheid uitdrukt. Ook het kledingstuk was in die tijd een „thema voor versiering".

Om naar de kunstgeschiedenis terug te keren : blader in om het even welk handschrift, al was het maar een gewoon charter uit die tijd, en bewonder diezelfde scheppingskracht. Wij staan hier voor de volmaaktheid, zowel in geschrift, bladspiegel als zegel. Het is een volmaakt werk, omdat het werkelijk geschapen werd. Wie het handschrift vervaardigde identificeerde zich zodanig met zijn werk, dat het een meesterwerk werd. Men kan niet genoeg betreuren dat het grote publiek de meeste manuscripten niet kent. Met de huidige reproductiemiddelen zou dat haalbaar en zeker heel interessant zijn! Een versierde brief kan ons leren wat de artistieke schepping in de romaanse tijd vermocht. We spreken dan nog niet over de handschriften die hele bijbelse of historische taferelen uitbeelden. De gewone initialen worden, in hun essentiële, leesbare en herkenbare vorm, door alle copiïsten en verluchters gebruikt, maar iedereen ontwikkelt hun interne mogelijkheden en maakt er de zijne van. Dat kan tot een zekere verwardheid leiden. Bij de een wordt de letter een waar kreupelhout van loof- en vlechtwerk, bij de ander een dier met een mensenhoofd en bij een derde een mens die monster, engel of duivel is geworden. Toch werd de letter niet verraden, zij blijft aanwezig maar werd telkens herschapen. Dat is ongetwijfeld wat de romaanse kunst (en ook de gothische, behalve op het einde) kenmerkt : respect voor de essentiële functie, doorheen een onuitputtelijk herontdekken van de mogelijkheden die daarin besloten liggen.

HOOFDSTUK 3

ONBEHOUWEN EN ONWETEND

De letterkunde van de 16de eeuw ontsnapte evenmin aan het postulaat van de nabootsing ; ook daar moest men zich voegen naar de vaste regels van de Grieks-Romeinse oudheid. Een toneelstuk moest de drie eenheden van plaats, tijd en handeling respecteren of werd streng beoordeeld.

Verder gebeurde op het domein van de letterkunde precies hetzelfde als bij de andere kunsten : in de antieke wereld bestonden alleen de klassieke eeuwen, de eeuw van Pericles voor de Griekse beschaving en die van Augustus voor de Romeinse. De studie van taal- en letterkunde verengde zich dus tot een bepaalde geschreven taal, die van twee, drie eeuwen namelijk, die men, net als in de beeldhouwkunst, tot model nam.

Geen andere literaire vormen dus dan die van de oudheid : odes, elegieën, enz. Het sonnet werd getolereerd als een verworvenheid van de 15de eeuw, die haar adelbrieven had uit Italië, het land dat omwille van de *Urbs* vereerd werd. De verschillende literaire genres, komedie enerzijds en tragedie anderzijds, werden streng gescheiden. De tragedie werd als „edel" beschouwd en moest haar onderwerpen uitsluitend in de oudheid zoeken. Het kostte Corneille moeite *Le Cid* en *Polyeucte* te schrijven. De alleenzaligmakende „regel der drie eenheden" kon hij in *Le Cid* slechts volhouden mits volstrekt onwaarschijnlijke acrobatieën. Racine daarentegen had meer respect voor de academische principes en excuseerde zich in een voorwoord voor eventuele lichte afwijkingen van de wet van de nabootsing. Ook Vondel achtte het nodig (in *Jefta* bijvoorbeeld) er de aandacht op te vestigen dat hij de drie eenheden wel degelijk gerespecteerd had. En in de gewone poëzie treden voortaan Arcadische herders, nimfen, saters en andere fauna op, net als in de schilderijen van Poussin.

Er is in de 16de eeuw zelfs sprake van geweest het Franse vers aan de antieke prosodie en metriek te doen beantwoorden. Die is gebaseerd op accenten, die in het Frans juist niet bestaan. Een dergelijke kortzichtige maatregel die zo weinig rekening hield met de eigen aard van de taal, kon niet lang standhouden. De Nederlandse taal leent zich nog minder voor dergelijke heksentoeren. Toch zou een afstammeling van de antieke hexameter, de alexandrijn, haar tirannie vestigen tot aan de romantische revolutie en nog later.

De nabootsing van het klassieke Latijn beïnvloedde zelfs de studie van de moedertaal. Men probeerde de zin te doen beantwoorden aan de normen van de Latijnse zin. Vandaar dat de leerlingen ongelooflijke spraakkunstregels te verwerken kregen met „beperkende conjunctieven" en andere beuzelarijen die aan het brein van verschrikkelijk pedante grammatici ontsproten waren. Toen is bijvoorbeeld ook de Franse spelling ontstaan, één van de eigenaardigste die er bestaan. Het woord *homme* werd met een *h* geschreven, de *ph* ging men zoveel mogelijk gebruiken, de *m* en de *n* werden verdubbeld : allemaal om de oudheid na te bootsen. Ook de Nederlandse voorkeurspelling ontstond, zij het veel later, grotendeels uit de behoefte om de — veelal Latijnse of Griekse — oorsprong van de woorden in het schriftbeeld duidelijk te maken. Het werd uiteindelijk zo — maar pas in de 19de eeuw zou dat helemaal het geval zijn — dat men de cultuur van een persoon ging aflezen aan zijn spelling! Die regels werden natuurlijk ingevoerd ten tijde van de opkomst van de drukkunst, toen men de behoefte aan vaste afspraken ging aanvoelen. Maar voor de toenmalige en huidige scholieren was en is deze nabootsingsfantasie van de pedanten van de renaissance een verwerpelijke zaak. Vandaag de dag maken wij het uiteenspatten van dit systeem mee. Sommigen zijn ontroostbaar, maar men kan zich afvragen hoe zo'n essentieel reactionaire tendens te verantwoorden is. Voor de komende generaties zal dat steeds minder het geval zijn.

Wij herhalen hier nogmaals : de bewondering voor de

antieke wereld komt hier geenszins in het gedrang. Zowel in de letterkunde als in de schone kunsten (de gebruikelijke onderverdeling!) heeft men gedurende de middeleeuwen volop geput uit de werken van de oudheid, zonder die daarom als modellen of archetypen te beschouwen. Het is in de 16de eeuw dat deze nabootsingswet van kracht werd.

In veel schoolprogramma's werd tot nu toe slechts plaats gemaakt voor de klassieke literatuur, die begint in de 16de-17de eeuw [1]. Is deze bewuste verminking, waardoor men laat geloven dat vóór de 16de eeuw geen letterkunde en poëzie bestonden, eigenlijk wel geoorloofd? Landen waar de klassieke cultuur werkelijk gebloeid heeft (Frankrijk bijvoorbeeld) kennen hun eigen literair verleden veel minder dan bijvoorbeeld Skandinavië, Duitsland, de Nederlanden, de Verenigde staten en Zwitserland.

Een tekenende ervaring in dat verband, toen ik in 1965 de brieven van Héloïse en Abélard bestudeerde. Ik wilde in de Nationale Bibliotheek het citaat uit de *Pharsalos* van Lucanus controleren dat in de *Lettre à un ami* voorkomt. Ik constateerde dat er zich niet minder dan zes exemplaren van dat werk tussen de naslagwerken bevonden, vijf Latijnse en één vertaling. Dat was wel veel voor een werk dat nu toch niet noodzakelijk tot de culturele bagage van een beschaafd mens behoort. Toen kwam ik op het idee tussen de naslagwerken ook naar *Tristan et Yseult* of een of ander werk van Chrétien de Troyes te zoeken. Ik heb lang gezocht...

De hele klassieke oudheid en geen enkel werk uit de periode van de 5de tot de 15de eeuw, dat kan toch niet. De *Pharsalos* van Lucanus wel en *Tristan et Yseult* niet! [2]

---

(1) De kleine stukjes middeleeuwse geschiedenis en literatuur die in bepaalde klassen even worden aangeraakt, mogen we hier toch niet meetellen !

(2) Een andere anecdote uit 1976. Een vertaalster wou het werk van André Le Chapelain consulteren, een theoreticus van de hoofse liefde uit de kringen van Aliénor van Aquitanië en haar dochter Marie de Champagne (12de eeuw). Een bibliothecaris van de Nationale Bibliotheek verwijst haar naar de zeldzame incunabel — een drukwerk in gothisch schrift uit de 15de eeuw — en weet niet dat in 1892 en 1941 een heruitgave werd verzorgd door respectievelijk een Deen en een Amerikaan.

Verschillende jaren vroeger, in 1950, was ik in de Verenigde Staten een artikel over Bertran de Born aan het schrijven. In de stadsbibliotheek van Detroit vond ik zonder moeite het gezochte werk in de rekken. Wat aan de overkant van de oceaan blijkbaar voor iedereen toegankelijk is, is dat te Parijs niet eens voor een bevoorrecht, want meestal gediplomeerd lezer in de Nationale Bibliotheek!

Duizend jaar zonder noemenswaardige literaire of poëtische prestatie, is dat denkbaar? Duizend jaar zonder dat de mens iets moois, dieps of groots over zichzelf heeft gezegd? Wie zal dat geloven? Het is nochtans wat men de mensen vierhonderd jaar lang heeft doen geloven. Het was voldoende dat Boileau schreef : „Villon was de eerste die in die ruwe tijd klaarheid bracht in de verwarde kunst van onze vroegere schrijvers" en iedereen geloofde hem. Villon kreeg de titel van „oudste Franse dichter". Zo staat het in alle schoolboeken.

In de bedoelde duizend jaar kende men echter het ontstaan en de ontwikkeling van het Franse epos, van het geestelijke toneel en het wereldlijke toneel in de Nederlanden. Verder ontstonden toen ook de roman, een nieuw genre dat in de klassieke oudheid onbekend was, en de hoofse lyriek, een verrijking voor de poëzie van de mensheid.

De oorsprong en evolutie van de hoofse lyriek werden bestudeerd door een uitstekend romanist uit Zürich [3], maar de Sorbonne negeerde zijn werk. Toch begint de studie van Reto Bezzola, vijf kwartodelen die verschenen tussen 1949 en 1962 [4], nu ook buiten de universiteit bekend te geraken. De citaten en referenties maken er een soort panorama van, een samenvatting van de hele lyriek tot op het einde van de 12de eeuw. De auteur ontsluiert de ontwikkeling van de middeleeuwse letteren, eerst in het Latijn en vervolgens in de twee talen, *oc* en *oïl* van het oud-Frans. Deze poëzie leek nauw

(3) *Les Origines et la formation de la tradition courtoise en Occident.*
(4) Parijs, Champion.

verbonden met de uitdrukkingsvormen en geschiedenis van de kunst in het algemeen. Op het einde van de 6de eeuw treffen wij de eerste uiting van hoofse lyriek aan. Fortunat, de latere bisschop van Poitiers, schrijft Latijnse verzen aan Radegonde, de stichteres van het Heilig-Kruisklooster te Poitiers en aan de abdis Agnes. De gevoelens die eruit spreken zijn reeds die van de troubadours en trouvères uit de 12de eeuw. Die nieuwe wind doorheen de poëzie komt grotendeels door de nieuwe visie op de vrouw, die men voortaan met veel respect en tederheid toespreekt. In die tijd die men ons beschrijft als een besloten wereld waar barbaarsheid en tirannie hoogtij vieren, wordt dus een uiterst verfijnd gevoel geboren, dat de vrouw voor elke dichter tot een meesteres maakt.

Eén schrijver geniet de eer nu nog in de herinnering voort te leven. Het is de historicus Gregorius van Tours, wiens naam voor ons met de hoge middeleeuwen verbonden is. Bijgevolg gaan wij alle mannen uit die tijd zien als de zonen van Clovis die er, net als veel jongeren vandaag, een hekel aan hadden hun haar te laten knippen. Alle vrouwen lijken op koningin Fredegonde, wier geliefkoosde tijdverdrijf erin bestond haar rivalen aan de staart van een galopperend paard te laten binden. Drie eeuwen bestempelen wij op die basis tot barbaarse tijden.

Nochtans ontstond tijdens diezelfde periode van de hoge middeleeuwen het boek zoals wij dat nu nog kennen, de *codex.* Daarvoor bestond alleen het *volumen,* de antieke rol, en het is pas na de uitvinding van het boek dat de drukkunst ten volle haar diensten zou kunnen bewijzen.

Op dat ogenblik ontstond ook de huidige Westerse muziektaal. Er was toen immers een zeer intense poëtische activiteit. Veel hymnen en liturgische gezangen werden gecomponeerd en het is bekend dat het Gregoriaans, dat lange tijd aan paus Gregorius de Grote werd toegeschreven, dateert uit de 7de eeuw. Guido van Arezzo (11de eeuw) verving de letternamen voor de noten door de lettergrepen do-re-mi enz.

uit de 8ste eeuwse hymne *Ut queant laxis,* ter ere van Sint-Jan de Doper.

Slechts enkele specialisten kennen de grote namen uit de letterkunde van de hoge middeleeuwen, maar dat betekent niet dat ze daarom niet interessant zijn. Bij auteurs als Vergilius de Grammaticus of Isidorus van Sevilla uit de 6de eeuw, Aldhelm uit de 7de of Beda Venerabilis uit de 8ste, ontdekt men al vrij gauw een oorspronkelijke geestdrift en een merkwaardig scheppingstalent.

Hun werken zijn in een moeilijk Latijn geschreven, dat is waar. Wie er zich echter over heeft gebogen, heeft genoten van een intense rijkdom in de gedachten en de vormgeving, en van de treffende vrijheid waarmee de gedachten worden uitgedrukt [5].

Zowel in de letterkunde als in de schone kunsten lijkt het wel of de bevolking na de bevrijding van het Romeinse juk, spontaan de originaliteit terugvindt die ze in feite nooit verloren was. Met het verdwijnen van het onderwijs, de magistratuur, kortom de Romeinse kaders, verdwijnt ook de klassieke cultuur. Ze wordt gevolgd door een nieuwe cultuur die met de academische canons niets te maken heeft. Weinig historici hebben daar die rijke verbale of formele scheppingskracht van de Kelten achter ontdekt. Nochtans lijkt het ons vanzelfsprekend dat de vernieuwing in Gallië, Spanje, maar ook in Ierland en Groot-Brittannië voortkwam uit een zekere smaak voor het raadsel, voor het woordenspel en de assonantie. Die houden ongetwijfeld verband met het lofwerk, het kreupelhout en die lyrische overdaad die men ook in de kunst van die tijd aantreft. De handschriften waarin het Keltische genie zich ontplooit (vooral die uit de Ierse bibliotheken), zijn verwant met die meesterwerken in cellen-glaswerk die men nog altijd kan bewonderen in de domschat te Aken, in het penningkabinet van de Nationale Bibliotheek te Parijs, in het Louvre of in het museum van Cluny. Bij gebrek aan

(5) E. De Bruyne, *o.c.*

een betere naam noemt men ze in Frankrijk merovingisch en in Spanje wisigotisch. Uiteindelijk zal men toch moeten toegeven dat die verschillende uitdrukkingsvormen van het Westen van toen een gemeenschappelijke oorsprong hebben. Men staat hier voor een oceaan vooroordelen en een berg onverschilligheid, maar de beslissende stap is al gezet. Het was immers onze klassieke vorming en visie die ons over de kunstwerken van de hoge middeleeuwen altijd hetzelfde oordeel liet uitspreken : „onbehouwen en onwetend".

De bespreking van deze kunstwerken zou boekdelen vergen ; wij signaleren ze hier echter voor wie eens een ander onderwerp wil voor een verhandeling dan de eeuw van Pericles of de keizers van Byzantium. Het terrein is praktisch onontgonnen en een dergelijke studie zou vandaag de dag wel met interesse worden begroet. Hét grote werk werd geleverd door Pierre Riché [6] ; wij hopen dat het ook het grote publiek bereikt.

Over Isidorus van Sevilla, die op het middeleeuwse denken een diepgaande invloed uitoefende, is eveneens een belangrijk werk verschenen [7]. De man schreef in Spanje in de 12de eeuw en zijn werk bevat als het ware in de kiem de essentie van de romaanse en gotische tijd. De avant-garde-denkers zouden zich nochtans voor zijn intuïtieve vondsten moeten interesseren. Het voornaamste werk van Isidorus van Sevilla, zijn *Etymologieën,* is gebaseerd op de mogelijke betekenissen van elke term uit de taal (elke filologische bekommernis terzijde gelaten natuurlijk). Met zijn geniale encyclopedische kennis slaagde hij erin aan de exegese van het woord een uitgebreid apparaat toe te voegen van vergelijkingen en soms woordspelingen, waaruit reeds een aanzienlijke wetenschappelijke, poëtische en theologische synthese aan het licht komt. Het feit dat hij ontelbaar veel antieke auteurs citeert betekent dat

(6) *Education et Culture dans l'Occident barbare,* Parijs, Seuil, 1962.
(7) Vooral *Isidore de Séville et la Culture classique dans l'Espagne wisigothique,* Bordeaux, Féret, 1959.

hij over die werken kon beschikken. Er blijkt dus wel uit dat zich in de hoge middeleeuwen rond Isidorus van Sevilla een ontzaglijke kennis had vergaard. Dergelijke details geraken dikwijls op de achtergrond als men bijvoorbeeld de Aristotelesvertalingen bespreekt die door Arabische filosofen in Spanje werden gemaakt. Te Sevilla, in Syrië of om het even waar in het Nabije Oosten had men daar nooit aan kunnen beginnen indien de werken van Aristoteles niet in de bibliotheken bewaard waren gebleven. Zij waren daar dus aanwezig vóór de invallen van de Arabieren, voor Spanje betekent dat vóór de 8ste eeuw. De wetenschap en het denken van de Arabieren hebben dus slechts uit vooraf bestaande bronnen geput, uit handschriften die deze kennis van Aristoteles en de andere antieke schrijvers mogelijk hebben gemaakt. Het zou volkomen onzinnig zijn het omgekeerde te veronderstellen, en dat is nochtans gebeurd : in onze schoolboeken worden wel Avicenna en Averroës vernoemd, maar aan Isidorus van Sevilla wordt stilzwijgend voorbijgegaan. Door Jacques Fontaine werd zelfs opgemerkt dat de hoefijzerboog die algemeen aan de Arabieren wordt toegeschreven, honderd jaar vóór hun inval in het „wisigothische" Spanje al bestond.

***

In Frankrijk en de Germaanse landen zou deze ontwikkeling vreemd genoeg in de 8ste en 9de eeuw plotseling afgebroken worden. Dat kwam natuurlijk door externe gebeurtenissen : de Arabische invallen in het zuiden en de invallen van de Noormannen in het noorden verlamden het leven in een groot gedeelte van het Westen. De Provence heeft tot laat in de 10de eeuw af te rekenen gehad met de terreur van de „saraceense" strooptochten. Tot 972 kon de bisschop van Marseille niet in zijn bisdom zetelen en de kustabdijen hebben achteraf met veel inspanningen de ruïnes moeten heropbouwen en hun rangen moeten aanvullen. De Nederlanden, gemakkelijk bereikbaar langs de wijde mondingen van hun stromen, trokken de aandacht van de Noormannen, want er waren rijke kloosters en verblijfplaatsen van de machthebbers. Ook het binnenland (Terwaan, Sint-Bertin, Gent, Kortrijk) en zelfs het oosten (vanuit het kamp van Elslo bij Maastricht) hadden erg van de plundertochten te lijden. In de jaren 890 begon het tij te keren, maar de Noormannen lieten ruïnes en half-ontvolkte gebieden achter.

Een andere factor heeft echter ongetwijfeld een positieve invloed uitgeoefend : het herstel van het Keizerrijk in het Westen. Wanneer Karel de Grote onderwijs en cultuur nieuw leven inblaast, dan doet hij dat volgens Romeinse normen — ook zijn rijk kan men een opvolger van het Romeinse rijk noemen. Hij sticht een academie, schenkt ons een schrift — ontleend aan de Romeinse epigrafische letters — waarvoor wij hem nog altijd dankbaar mogen zijn. Onder zijn impuls deed men een poging om tot de antieke vormen terug te keren. Veel universiteitsmensen werden daar aangenaam door verrast en gingen spreken van een „eerste renaissance". Had het Keizerrijk stand gehouden, dan was misschien vanaf toen al die klassiek geïnspireerde beschaving van de 16de eeuw overheersend geweest.

Een aantal dichters uit de kring van Karel de Grote — men heeft ze genoemd naar de bundel *Hisperica Famina* — zochten op een ietwat hermetische wijze naar werkelijke lyriek en taalvondsten. Hun werk werd echter overschaduwd door een meer verstandelijke literatuur die naar de antieke cultuur probeert terug te keren. De dichters uit die tijd bezingen de overwinning, de heldendaden en ook de vriendschap. „De liefde voor de vrouw speelt voor hen echter geen enkele rol", merkt Bezzola op [8].

Hun hofpoëzie omvat opnieuw de antieke genres als idylle, elegie en epithalamion ; zij proberen de klassieke letterkunde

---

(8) *Les origines et la formation de la tradition courtoise,* o.c., dl. 1, blz. 91.

te doen herleven. In zijn verlangen om het Romeinse keizerrijk te doen herleven, stichtte Karel de Grote te Aken de Paltsacademie. Uit heel dat Europa dat een tijd lang onder zijn machtig leergezag is verenigd, komen de dichters, grammatici en geleerden samen. Ze nemen veelzeggende familienamen aan : de Frankische dichter Angilbert noemt zich Homerus, de Wisigoot Theodulf van Orléans Pindarus en de Engelsman Alcuinus Flaccus.

Ook de plastische kunsten uit diezelfde periode zoeken hun inspiratie bij de klassieke vormen. Men probeert modellen en ook de natuur na te bootsen. In sommige Karolingische handschriften staan portretten die even geïndividualiseerd zijn als de Romeinse bustes onder Augustus. In de kunstwerken uit die tijd en vooral in de miniaturen, herkent men zeer duidelijk de dubbele inspiratiebron : de originele ader enerzijds (Keltisch kreupelhout, overvloedig lofwerk en rijke vormencombinaties) en het 'gedirigeerde' estheticisme anderzijds (zuilen met Korintische kapitelen, de bekommernis om landschappen en vooral het perspectief juist te tekenen, respect voor de anatomie bij de voorstelling van personages). In bepaalde kloostercentra zoals Sankt-Gallen worden de keizerlijke hervormingsinspanningen trouw gevolgd en bekomt men een uiterst klassieke vormgeving. Die hervorming is voor ons trouwens zo interessant omdat alle middelen van het immense keizerrijk werden aangesproken. We denken hier met name aan bevoorrechte cultuurcentra als de Ierse kloosters, die niet onder de invallen te lijden hadden. Het is in Ierland dat zich de geleerdste spraakkundigen en de beste hellenisten bevonden.

Nochtans bestonden er tegelijk stromingen, die door die vrij kunstmatige opbloei van het antieke academisme nauwelijks werden beroerd. Men vindt een getuigenis daarover in een gedicht van Theodulf van Orléans. Hij beschrijft hoe de leden van de Paltsacademie een gedicht beluisteren dat Ovidius nabootst. Iedereen is vol lof voor de perfecte vorm en voor de kundige verwoording in disticha. Een uitzondering echter, die weinig gevoel heeft voor die esthetengeneugten : de Frankische krijger Wibod. Wanneer het gezelschap zich tot besluit uitput in lofprijzingen heft hij het behaarde hoofd, gromt wat — wat de leden van de beroemde Academie aan het lachen brengt — en verlaat tenslotte woedend de zaal, onder de spottende opmerkingen van alle aanwezigen.

De Ovidius-disticha laten die krijger Wibod, de *membrosus heros* zoals Theodulf hem noemt, dus volkomen koud. Zou men hem niet kunnen vergelijken met zoveel — eveneens harige — jongeren die niets meer moeten hebben van de klassieke tradities? Of met een groot aantal technici die de waarde, het belang en de dringendheid van de technische ontwikkelingen inzien en het ijdel en vervelend zouden vinden bij academische procédés stil te moeten staan ? Wibod in de Paltsacademie doet een beetje denken aan een verdwaalde astronaut die zich laat inschrijven aan de opschriftenacademie.

Tweehonderd jaar na de dood van Karel de Grote kon de smaak voor de letterkunde zich opnieuw ontwikkelen, toen het Westen stabieler was geworden en zich eindelijk had hersteld van de invallen. Het is niet de nabootsing van de oudheid die herboren wordt, maar de oorspronkelijke Keltische onderstroom, verrijkt met de bijdrage van verschillende volkeren. Het zijn de Wibods die zegevieren : uit hun eigen geschiedenis en geest ontstaat een literatuur die los staat van elk academisme en van antieke invloeden".

In die 11de eeuw ontstaat het Franse epos. Het wordt eerst mondeling verspreid, maar weldra in enkele handschriften vastgelegd. In de charters uit die tijd treft men de namen Roland en Olivier aan, wat erop wijst dat het *Chanson de Roland* toen al door jongleurs en voordragers verspreid werd. De commentators hebben zich ingespannen om aan dat werk een „historische" oorsprong te geven. Ongelukkig genoeg scheen een passage bij Eginhard hun gelijk te geven, zodat men in de geschiedenis van Roeland de oorsprong ging zien van een epos dat hoofdzakelijk epische stof bevat. Dat is het inderdaad : een werk van de verbeelding, constructie van een dichter. Tegenover de vlucht voor de Islam die zich in het Byzantijnse rijk afspeelt [9], wordt hier de legendarische figuur van Karel de Grote geëvoceerd. Hij wordt voorgesteld als de Verdediger van het Christendom, Beschermer van de heilige plaatsen — die in de 11de eeuw tweemaal werden verwoest. Bezzola [10] onderzocht de teksten uit die tijd en kwam tot het besluit dat de bestaansredenen en de inspiratie van het *Chanson de Roland* — zoals die van alle epossen — in de 11de eeuwse maatschappij zelf en geenszins in een „historische bron" gezocht moeten worden. De literatuurhistorici begingen dezelfde fout als de kunsthistorici : de feodale tijd moest aan dezelfde normen beantwoorden als de klassieke en dus zochten zij als bezetenen naar oorsprongen en modellen, bij voorkeur antieke.

Het was ook toen dat de grondslag werd gelegd voor de hoofse lyriek die, na een zekere teruggang, opnieuw opbloeide in de Karolingische letterkunde. Aanvankelijk gebeurde dat in het Latijn, in de werken van een Baudri de Borgueil, van een Marbode en van zoveel andere miskenden of onbekenden. Daarna bloeit die lyriek ook op in de volkstaal. Het buitengewone dichterlijke talent, dat het genre aanzien zou geven doorheen de tijden, was de graaf van Aquitanië, Guillaume d'Aquitanie. In zijn kielzog voerde hij mensen als Bernard de Ventadour en Jaufre Rudel. Hoewel zij allemaal in een gelijkaardige lyrische stijl schreven, werkten zij toch sterk persoonlijk. Zij ontwikkelden de waaier van mogelijkheden die in een gevoel besloten lagen, dat aan de hoven van de heren was ontstaan — vandaar de naam hoofse lyriek. Deze poëzie was nauw verbonden met de feodale maatschappij. Alle betrekkingen zijn er gebaseerd op persoonlijke banden waardoor heer en vazal zich wederzijds verbinden : de

(9) Denken we hierbij aan de slag van Mantzikert in 1071 waarbij Klein-Azië letterlijk aan de Seldjoukidische Turken werd overgeleverd.

(10) In zijn studie „De Roland à Raoul de Cambrai", verschenen in *Mélanges de philologie romane et de littérature médiévale, offerts à Ernest Hoepffner,* Parijs, Les Belles Lettres, 1949.

een belooft bescherming en de andere trouw. De vrouw wordt de suzerein, de „heer" van de dichter. Zij eist trouw en roept liefde op die tegelijk respect afdwingt: *amor de lonh,* de liefde van ver die voor een opwindende spanning zorgt tussen tegengestelde gevoelens. Paradoxaal genoeg wordt dit de *joy,* de vreugde van de dichter. Hij betuigt de Dame een soort voortdurende, innige toewijding en zij heeft hem volledig in haar macht. De liefde tussen hen is als een groot geheim dat hij niet zou kunnen verraden en hij geeft haar dan ook een *senhal,* een bijnaam. Het feit dat de ridders wapens en blazoenen dragen op hun schild en dat alle bekende persoonlijkheden er zegels op na houden, wijst in diezelfde richting.

Men heeft de oorsprong van de hoofse lyriek buiten die poëzie zelf willen situeren: gebeurde dat alleen uit onwetendheid? Die lyriek zou namelijk de uitdrukking van een „geheime doctrine" zijn geweest, natuurlijk die van de Katharen, want die heeft men nu juist ontdekt. Wij blijven hierbij niet lang stilstaan, want met grote zin voor historische waarheid werd deze stelling door een van de aanhangers van de Kathaarse zaak, René Nelli [11], tegengesproken. Om in de hoofse lyriek door te dringen moet men eerst de ontstaansperiode kennen, en daar hebben de meeste commentatoren geen aandacht aan geschonken.

De feodale tijdsgeest uitte zich niet alleen in de *cansos* van de troubadours en de liederen van de trouvères, maar ook in de ridderromans. De meeste personages die wij in het geniale werk van Geoffrey of Monmouth leren kennen, komen inderdaad uit de Keltische legenden. Men kan echter *Koning Arthur, de Ronde Tafel* en *de Zoektocht naar de Graal* niet vatten, als men zich niet inleeft in het concrete leven, de instellingen zelfs uit de feodale tijd — te beginnen

(11) *Les Troubadours,* Parijs, Desclée de Brouwer, in „Bibliothèque européenne", 2 dln., 1960-66. Zie de inleidingen op deel 1, blz. 9 en op deel 2, blz. 22.

met het ridderwezen. Het zijn inderdaad fantastische verhalen, maar alle details herinneren er ons aan dat zij ontstaan zijn in een maatschappij die stoelde op persoonlijke banden. De geletterde en hoofse ridder gold er als ideaal, de trouw aan het gegeven woord stond hoog aangeschreven en de vrouw werd tot suzerein verheven.

Goed beschouwd is het toch wel eigenaardig dat aan zo'n rijke werken, van zo'n originele inspiratie en met zoveel inhoud, door iedereen stilzwijgend werd voorbijgegaan, ook door de opvoeders. Sinds enkele jaren schijnt er nochtans enige interesse te ontstaan. Er zijn pocket-uitgaven gekomen van *Erec et Enide,* van *Tristan en Isolde.* Enkele filmrealisators werden geboeid door de figuur van Lancelot. Er kwamen leerstoelen middeleeuwse iconografie en cursussen over de zoektocht naar de Graal. Kan men echter ten volle tot deze werken doordringen en hun poëtische draagwijdte smaken, zonder een zelfs maar elementaire kennis van de maatschappij waarin ze zijn ontstaan?

*
**

„Zowel de initiatiefnemers als de spelers zijn onwetenden, mechanische handwerklieden die geen A uit een B kennen en nooit onderwijs genoten. Bijgevolg zijn zij niet welsprekend, spreken zij geen behoorlijke taal en is hun uitspraak niet fatsoenlijk... die ongeletterden die nergens van af weten, timmerlieden, kosters, wevers en visverkopers, hebben de *Handelingen der Apostelen* gespeeld...".

Men moet even nadenken over deze teksten om de inhoud volledig te vatten. Het zijn uittreksels uit parlementaire besluiten van 1542, waarbij de Passiebroeders de toelating kregen verder op te treden met de middeleeuwse *Mysteriën* in het huis van Bourgondië. Deze besluiten werden bekrachtigd in 1548. De toneelspelers van dat huis van Bourgondië vlasten op de ondergang van de Passiebroeders, terwijl die zich inspanden om hun toneelactiviteiten verder te zetten. In 1615 verklaarden de toneelspelers: „Deze broederschap heeft alleen maar grove werklieden gerecruteerd en afgeleverd (...) die de publieke eer en verplichtingen bijgevolg niet aankonden en de burgerstand niet waardig waren. De Antieken lieten de werklieden immers samen met de slaven opstappen!"

Het is duidelijk wat hier aan het gebeuren is: de toneelspelers van het huis van Bourgondië, die uiteindelijk het gebouw voor hun eigen voorstellingen zouden inpalmen, wilden de resten van het middeleeuwse toneel vernietigen. Waarom? Omdat het hier een volks schouwspel betrof, en omdat de broederschap niet uit beroepsspelers bestond. Hier spelen heel wat motieven mee. Zoals alle meesters in een bepaald beroep, wilden de toneelspelers een genootschap vormen — of liever, om de woordenschat van die tijd te gebruiken, een meesterschap of een eedverbond. Dat eiste dan het monopolie op voor een bepaald beroep in een bepaalde streek. „Gilden" kenden hun hoogtepunt niet in de 13de eeuw, maar wel in de 15de en vooral in de 16de eeuw [12]. Hoewel een honderdtal jaar van wetenschappelijke onderzoekingen dat hebben bewezen, zijn er nog altijd mensen die aan de vroegere theorie vasthouden. Die gildevorming voltrekt zich dus ook bij de toneelspelers. Daarom gingen zij met ware razernij het volkstoneel verdrijven en verboden zij pantomimespelers te spreken. Die gingen dan zingen op de kermis, zodat sommigen daarin het ontstaan van de komische opera hebben gezien.

Staan wij echter nog even stil bij de argumenten die in de parlementaire besluiten worden opgesomd. Er wordt verklaard dat de Passiebroeders die de *Handelingen der Apostelen* of een ander evangelietafereel speelden, of de oude *Mysteriën*, eenvoudige, nederige mensen waren: timmerlieden, wevers, enz. Het zijn „mechanische handwerklieden",

(12) Zelfs waar gilden niet uitdrukkelijk worden opgericht, proberen de ambachten toch een gelijkaardig monopolie te verwerven.

zij die de zogenaamde *mechanische kunsten* beoefenen, het handwerk dus. In de 16de eeuw hebben die mensen echter geen recht meer op cultuur ; zij moeten „samen met de slaven opstappen", want zo was het in de oudheid en dat was een afdoende reden. Zoals de andere kunstvormen, is ook het edele genre toneel nu nog slechts een erfdeel voor de ontwikkelde, geletterde geesten, die het belang inzien van de regel van de drie eenheden en van de scheiding der genres. Een dergelijke scheiding is onbestaande in het volkstoneel!

De toneelspelers van het huis van Bourgondië zullen hun doel bereiken. Als toneelspelers van de koning lieten zij zich door Lodewijk XIV het toneelmonopolie toekennen. Vanuit een grandioze onwetendheid zou Boileau dan ook de volgende verzen schrijven, die jammergenoeg in het geheugen van de mensen zijn blijven hangen : „Het toneel werd door onze vrome voorvaderen misprezen en was een onbekend vermaak in Frankrijk".

Wat er in werkelijkheid afsterft met de renaissance, is het toneel dat *niet* losstaat van het volk, het toneel dat de massa op de been brengt en er spelers en toeschouwers vindt. Ondanks de verbeten wil om met de traditie te breken, is deze overlevering tot op onze dagen hier en daar blijven leven. Wanneer de werklieden van Oberammergau elk hun traditionele rol spelen in het Passiespel, dan houden zij daarmee een essentieel element van het middeleeuwse leven in stand. Als wij dat over het hoofd zien, negeren wij vijf eeuwen zeer gevarieerde dramatische expressie. Daaruit hebben wij alleen de *klucht van meester Pathelin* onthouden ; die is wel amusant, maar een beetje kort.

Het toneel werd in de middeleeuwen al zeer vroeg overal beoefend. Het werd geboren in een liturgische context : al vroeg werden immers bijbelse en vooral evangelietaferelen gedramatiseerd. Daarover wordt gesproken in een tekst van 933 : in de paasnacht werd een dialoog opgevoerd tussen de engel en de heilige vrouwen die naar het graf van Christus waren gekomen. De spelers waren waarschijnlijk geestelijken of monniken. Deze para-liturgieën werden geleidelijk uitgebreid tot alle feesten van het jaar (paasnacht, kerstnacht...). Het toneel had dus een gewijde functie, was verbonden met een dienst waarin het innerlijke leven werd uitgedrukt.

Het had ook een opvoedende rol en werd druk beoefend op school en aan de universiteit. In de *statuten* van het Parijse Hubant-college bijvoorbeeld zijn verschillende geïllustreerde bladzijden opgenomen waarin het dagelijkse leven van de studenten wordt beschreven. In bijna de helft van de afbeeldingen — het is net een beeldverhaal — ziet men de studenten toneel spelen.

Nu beleven wij de herontdekking van de rol van het toneel in het menselijk leven. Culturele animatiegroepen en zelfs bepaalde bedrijven maken gebruik van het toneel; ook in de psychiatrie en in verschillende gevallen van geestelijke heropvoeding wordt het aangewend. Wij staan natuurlijk dichter bij de mentaliteit die de *Mysteriën* deed ontstaan in het hart van de middeleeuwse steden, dan bij de mentaliteit van diegenen die ze lieten verbieden. Een meester als Gustave Cohen begreep trouwens het belang en de waarde van het middeleeuwse toneel en besefte ook dat men het maar kon bestuderen door het te spelen. De Nederlandse groep „Studio Laren" heeft een gelijkaardige bedoeling: middeleeuwse liederen moet men niet in een bloemlezing lezen, maar zingen en spelen en in een totaalspektakel integreren.

In elk geval zou niemand vandaag nog betwisten dat de uitdrukking in woord en gebaar voor jongeren en ook voor minder jonge mensen heel belangrijk is. Het woord „gebaar" is trouwens een van die sleutelwoorden uit de middeleeuwen.

Wij zouden hier ook over muziek moeten spreken, het begin van alle opvoeding. We weten dat onze beschaving wat de muziek betreft, schatplichtig is aan die „donkere tijden" die de toonladder haar huidige vorm hebben gegeven. We laten dit graag aan specialisten over, maar willen er toch even aan herinneren dat er een fundamenteel verschil bestaat tussen de muziek gebaseerd op de modale ritmiek en de muziek in mensurale notatie. Deze laatste werd reeds in de 14de eeuw ingevoerd.

Zowel de vocale als de instrumentale muziek werd tegelijk als „sfeermuziek" en als eigenlijk spektakel aangevoeld. Tot in de 13de eeuw en zelfs later nog maakte men trouwens geen scheiding tussen de muziek en de dichtkunst : geen poëzie zonder melodie, de dichter was tegelijk muzikant. Het is belangrijk hier nog even te vermelden dat niet iedereen leerde lezen in die tijd, maar dat iedereen wel leerde zingen.

HOOFDSTUK 4

GEVOELLOOSHEID EN BARBAARSHEID

In de schoolboeken houden de feodale heren zich met niets anders bezig dan met het „vertrappen van de rijpe oogst van de landbouwers". Journalisten gebruiken de term „feodaal" heel dikwijls in verband met financiële trusts („de grote geldadel"), met autoritaire economische of politieke machtsuitoefening. De revoluties wilden de „feodale rechten" afschaffen.

Naargelang de tijd waarin ze werden gebruikt kregen deze woorden andere implicaties. Voor de historici van de 19de eeuw betekende feodaliteit anarchie. Machtsuitoefening was in hun ogen alleen mogelijk als de macht gecentraliseerd was, als er algemene wetten werden afgekondigd die overal binnen de landsgrenzen volgens dezelfde normen en binnen een uniform administratief kader werden toegepast. Zo had de Franse Revolutie een einde gemaakt aan wat nog van de „feodale anarchie" overbleef. Historici spreken vandaag over het „feodaal systeem". Uit het fundamentele onderzoek van Ganshof tot Lucien Febvre, kan men echter afleiden dat niets zover van een „systeem" afstond als het feodale stelsel. Het was een empirisch stelsel met al het arbitraire dat uit het toevallige, uit de dagelijkse ervaring en uit gewoonten en gebruiken voortspruit. Geen grotere anarchie dus dan in de feodale maatschappij, terwijl die anderzijds toch zeer hiërarchisch was opgebouwd.

Ook om andere redenen zou het interessant zijn deze maatschappij te bestuderen, nu sommigen voor de „streek" toch minstens de mogelijkheid tot autonome ontwikkeling opeisen. Zij vinden dat het land een nieuwe administratieve verdeling nodig heeft die minder arbitrair is en meer met de plaatselijke levensomstandigheden rekening houdt. Het is daarom wel interessant er aan te herinneren dat ook een ander staatsbestel dan het huidige mogelijk is geweest, dat de mensen met elkaar omgingen buiten een centrale administratie om, dat het gezag niet in de stad gevestigd moest zijn, enz.

Het feodaal stelsel verschilt inderdaad veel van de koninkrijken die erop zijn gevolgd. Daarna kwam dan in verschillende Europese staten het zeer gecentraliseerde burgerstelsel. Om de term feodaliteit te begrijpen, bekijkt men dus best eerst de oorsprong ervan.

*
**

Het Romeinse rijk, een uiterst gecentraliseerde macht, stort ineen in de loop van de 5de eeuw. In de daaropvolgende verwarring laten plaatselijke machthebbers zich gelden. Soms is dat de bendeleider van een groep avonturiers, soms de heer van een domein die aan zijn omgeving en zichzelf de veiligheid wil bezorgen waar de staat niet langer borg voor staat. Contacten onderhouden wordt inderdaad moeilijk, nu het leger de wegen niet meer onderhoudt en bewaakt. De grond is de enige bron van rijkdom, en die moet men beschermen. Ziet men ook vandaag niet in bepaalde landen zo'n politiemachten ontstaan, omdat de vreedzame bewoners zich bedreigd voelen door de toenemende misdadigheid? Dat is precies ook wat toen gebeurde : de kleine landbouwer die alleen niet in staat is zichzelf en zijn familie te beschermen, richt zich tot zijn machtige buurman die zich soldaten kan veroorloven. Die stemt erin toe hem te verdedigen en in ruil daarvoor geeft de boer hem een deel van zijn oogst. De een krijgt een garantie, terwijl de ander, de heer, *senior,* de meester, er rijker en machtiger door wordt en daardoor beter in staat is de bescherming te bieden die van hem verwacht wordt. De overeenkomst is meestal een laatste toevlucht, afgedwongen door moeilijke omstandigheden, maar toch is het uiteindelijk voor beiden een goede zaak. Het is een zaak van man tot man, een wederzijds contract dat — niet zonder reden — niet door de overheid wordt bekrachtigd maar onder eed wordt gesloten, in een tijd dat het erewoord een religieuze waarde heeft.

Dat is in het algemeen het schema van de betrekkingen in de 5de-6de eeuw. De modaliteiten verschillen naargelang tijd en plaats, maar de situatie die gecreëerd wordt noemt men terecht *feodaal.* Ze is inderdaad gebaseerd op het leengoed, het *feodum.* Deze Germaanse of Keltische term duidt op het recht dat men over een goed of een stuk grond in het algemeen geniet : men is geen eigenaar, maar heeft het vruchtgebruik.

Door de volksvermenging van dat ogenblik wordt de ontwikkeling versneld. De migratiegolf van de 5de-6de eeuw, die men meestal „de grote volksverhuizingen" noemt, verliep niet altijd zo gewelddadig als men wel heeft gedacht. Heel wat volkeren, zoals bijvoorbeeld de Bourgondiërs, gingen zich als landbouwers in een bepaald gebied vestigen. Over een duizendtal jaar zullen de historici ongetwijfeld gelijkenissen ontdekken tussen de 20ste eeuw en de hoge middeleeuwen. Kent ook onze eeuw geen migratiegolf? Frankrijk wordt overspoeld door arbeiders uit Algerië, Marokko, Spanje en Portugal ; in Nederland en Duitsland zijn het de Turken, de Joegoslaven... Het enige verschil ligt in de verbeterde transportmiddelen. Als de vreemde arbeider uit de hoge middeleeuwen zich met vrouw en kinderen op een verlaten „gallo-Romeinse" boerderij had gevestigd, was dat in principe voor zijn hele leven.

Er rezen ook problemen. Maar die werden makkelijker opgelost dan men zou verwachten. Een beschuldigde die voor een rechtbank moest verschijnen, kreeg als eerste vraag te horen : „Welke is uw wet?" Hij werd inderdaad volgens zijn eigen wetten berecht en niet volgens die van de streek waar hij zich bevond. De feodale staat was dus een uiterst ingewikkeld geheel, waar diverse gebruiken werden ingevoerd. Voor historici, gevormd in het Romeinse recht met zijn uniforme basis en algemene toepasbaarheid, moet dit wel het toppunt van willekeur lijken. Er waren toen ongetwijfeld wanverhoudingen tussen de verschillende gewesten. Vandaag ziet men echter meer en meer in dat ware rechtvaardigheid erin bestaat iedereen volgens zijn eigen wetten te oordelen.

Het is in elk geval een andere orde dan het keizerlijk bestel die zich gedurende de donkerste eeuwen van die donkere tijd — vanaf de val van het Romeinse rijk in de 5de eeuw tot het herstel van het Westers rijk door Karel de Grote driehonderd jaar later — in Europa vestigt. Het is een bewogen tijd, met als grote schok voor heel de bekende wereld de inval van de Islam — de „schrik der Saracenen", zo dikwijls vermeld in de charters. Het gezag dat Karel de Grote wil herstellen moet zich echter bij de feiten neerleggen : het gezag dat vroeger op een welbepaalde plaats geconcentreerd was, als uitdrukking van een vastberaden wil, bestaat niet meer. Er bestaan alleen nog lokale machten. De volksmacht is versnipperd en verstrooid in een veelheid van cellen die men onafhankelijk zou kunnen noemen, als dat voor ons niet betekende dat men naar eigen willekeur kan handelen. De individuele wil wordt echter juist beheerst en beperkt door de *gewoonte,* de grootste macht uit de feodale periode. Als men dat gewoonterecht negeert zal men nooit het wezen van die maatschappij begrijpen. Het is een geheel van gebruiken die uit concrete feiten zijn ontstaan en door de loop der jaren werden bekrachtigd. De dynamiek is die van de traditie : het zijn gegevens, maar levende gegevens, altijd voor veranderingen vatbaar zonder daarom van de individuele wil afhankelijk te zijn [1].

Kort geleden kon men nog resten van een dergelijk gewoonterecht meemaken in de Angelsaksische landen bijvoor-

(1) In een studie van een leraar geschiedenis las ik eens volgend pareltje : „Gedurende de middeleeuwen werden de wetten gewoonten genoemd". Dat wijst toch wel op een volkomen onbegrip van het verschil tussen een vaste en omlijnde wet die van een centrale macht uitgaat en de gewoonte, een voortdurend evoluerend geheel van gebruiken die in een bepaald gebied zijn ontstaan.

beeld. Een klein voorbeeldje uit het dagelijkse leven : mensen die voor de oorlog Londen bezochten vroegen soms waarom het maken van krijttekeningen op de voetpaden in drukke straten niet verboden werd. Een eenvoudig besluit van de Minister van Binnenlandse Zaken of van de politie had daartoe volstaan. Zij kregen echter steevast ten antwoord dat men tegen de eerste beoefenaars van deze populaire kunst (of verkapte bedelarij, zoals men wil) nooit was opgetreden, en dat men die politiek na al die jaren niet kon wijzigen.

Dat was ook het middeleeuwse gewoonterecht : bepaalde gebruiken komen in voege onder druk van de omstandigheden. Sommige raken in onbruik, andere worden onmiddellijk bestreden, terwijl nog andere uiteindelijk aanvaard of getolereerd worden door de hele groep en kracht van *gewoonte* krijgen. Zo werd het bedrag van de cijnzen al zeer vroeg op zeer verschillende manieren in de verschillende domeinen vastgelegd. Als die cijns eenmaal door de beide partijen aanvaard en een bepaalde tijd ook betaald was, kon er geen sprake van zijn die af te schaffen. Men moest wachten tot het gebruik vanzelf verdween. Dergelijke gebruiken waarnaar men leefde en die men stilzwijgend goedkeurde, bepaalden het leven van de groep en beschermden die tegen individuele grillen. Er zijn natuurlijk altijd individuen geweest die de grenzen van groep of maatschappij hebben proberen te doorbreken. Op dat moment plegen zij echter een inbreuk op de wet, net zoals vandaag de misdadigers. Er bestond toen geen openbare macht om hen te bestraffen, maar zij werden verstoten door de groep. Vooral in een tijd dat alleen leven uiterst moeilijk was, kwam dit op hetzelfde neer.

Dit was dan een summiere schets van de grondslagen van de feodale maatschappij, die radicaal verschilde van wat wij sindsdien aan sociale vormen hebben gekend. Zo bestond ondermeer het recht van een privé-oorlog te voeren om een belediging van een lid van de groep te wreken. De feodale maatschappij moet men zich immers meer als een wereld van families en huizen dan als een wereld van individuen voorstellen. Nochtans steunt die hele maatschappij op persoonlijke banden van man tot man ; men bindt zich aan een heer. Als er iets gebeurt, dan moet men die verbintenis herstellen. De geschiedenis van de feodale tijd is een spel van verbintenissen die aangegaan en weer verbroken worden. Zo gebeurt het dat de vazal — overigens een Keltische term — zijn leenheer hulde betuigt, maar hem achteraf ontrouw wordt. Een ander heeft de vader als leenheer erkend, maar wil dat niet doen tegenover de zoon... De feodale oorlogen gelijken geenszins op de hedendaagse. Ze vinden hun ontstaan in het uiterst ingewikkeld netwerk van persoonlijke banden en gemeenschapstradities dat de toenmalige maatschappij kenmerkte. Vandaag wordt hier en daar gereageerd tegen de onpersoonlijke macht van de wet en tegen de nog onpersoonlijker macht van de collectiviteit. De groep, de gemeenschap, krijgt de klemtoon. Het zou dan ook interessant zijn dit „precedent" te bestuderen, natuurlijk niet om het na te bootsen, maar uit historische en menselijke nieuwsgierigheid. Misschien zal een nieuw initiatief dan eens niet als utopisch worden bestempeld.

De feodale maatschappij was dus een groepsmaatschappij die beheerst werd door persoonlijke verbintenissen. Het was ook een essentieel landbezittende, landelijke maatschappij. Wij werden zodanig door de stedelijke suprematie geconditioneerd dat wij er gewoon van uit gaan dat de beschaving uit de stad komt. Zelfs het woord 'urbaniteit' is een herinnering aan de antieke *urbs.* Het is echter geen middeleeuwse term : heel de geschiedenis van de feodale tijd bewijst ons het tegendeel.

Er ontstond dus een beschaving op het kasteel, in het landelijke kader van het domein dus. Ze had met het stadsleven niets te maken. Die beschaving heeft het *hoofse* leven doen ontstaan. De naam zelf duidt aan dat het zijn oorsprong vindt in het hof, het gedeelte van het kasteel dus waar iedereen iedereen ontmoet.

Het feodale kasteel diende voor de verdediging. Het was

het vitale deel van het domein, de natuurlijke toevlucht voor heel de landelijke bevolking bij een aanval. Het was ook een cultureel centrum waar de oorspronkelijke tradities rijkelijk voorhanden waren, en de antieke invloed onbekend (hoewel alle werken die uit de oudheid waren overgeleverd, gekend waren en gebruikt werden). Het is wel opvallend dat die cultuur „hoofs" werd genoemd. De termen „hoofs" en „hoofsheid" slaan op een beschaving die aan de stad niets te danken heeft en roepen het ideaal van een hele maatschappij op. Dat omvatte een erecode, een soort sociaal ritueel dat van de adel stamde, verder een zekere ongedwongenheid in de omgang en tenslotte een respectvolle aandacht voor de vrouw [2].

Niet alleen de kastelen gingen een opvoedende rol spelen, maar ook de kloosters die her en der over het platteland waren verspreid. Behalve oorden van gebed waren het ook centra van studie. Dat bewijst alleen al de rijke verzameling handschriften die in de bibliotheek van de Mont-Saint-Michel bewaard zijn gebleven. Het klooster lag afgelegen, op een verloren eilandje dat door de zee werd geteisterd. Toch werd het, net zoals vele andere kloosters uit die tijd, een centrum van kennis in een landelijk milieu en onderhield het nauwe contacten met de plaatselijke bevolking.

De monniken, en vooral de cisterciënzers, bewerkten meestal zelf een deel van hun grond. Zij hadden ook vrije en onvrije pachters. Er zijn voorbeelden bekend van slaven die tot belangrijke kerkelijke of wereldlijke ambten zijn opgeklommen. Dat wijst er toch op dat de religieuze gemeenschappen hun landbouwers niet als een handige reserve aan mankracht of als lekebroeders beschouwden. Vanaf het begin van de 13de eeuw ontstond in de steden een nieuw kloostertype dat de algemene evolutie in belangrijke mate zou tekenen.

(2) Later, in de klassieke tijd, zou de term „hof" de omgeving van de koning aanduiden. Het is grappig dat het Franse *courtois* toen ook *courtisan* en *courtisane* deed ontstaan, wat met hoofsheid nog weinig te maken heeft.

Als dominicanen en minderbroeders zich in de stad vestigen, dan is het omdat de stad belangrijk is geworden. Het zou echter nog een hele tijd duren voor de stadskloosters meer invloed zouden krijgen dan de benediktijnerkloosters die nu, samen met de kastelen, landelijke centra van cultuur vormden. Geleidelijk zou deze plattelandscultuur aftakelen. Vanaf de 16de eeuw zijn de bestuurs- en administratieorganen, de scholen, de centra van kennis en macht dus, in de stad gevestigd. In de 17de eeuw kent het platteland nog slechts een uiterst verzwakt intellectueel leven. Deze aftakeling treft weldra de hele zogenaamde provincie [3]. Al wie aan het werkelijke geestesleven deelneemt, bevindt zich in de hoofdstad, aan de universiteit of hogeschool of aan het hof. Bij het ontstaan van de huidige nationale staten werd de laatste stap gezet. Door een administratieve reorganisatie werd de voornaamste stad uit elk landsdeel het administratief centrum, en de hoofdstad het brein van alles. Vanaf de 18de eeuw wordt een stad als Parijs de hoofdstad van alle kennis ; in de 19de eeuw is het voor de staatsambtenaren de bekroning, het toppunt van hun carrière en is het vrijwel de enige plaats waar echte cultuur beoefend wordt.

Dit is natuurlijk een schematisch overzicht, maar aanvechtbaar is het niet. Vandaag trekt men de zin van een dergelijke suprematie en van een dergelijke centralisering in twijfel. Men brengt immers niet alleen de bestuurslichamen samen, maar ook de kansen tot opleiding en hoger onderwijs.

Het is een gezonde reactie dat vandaag de dag naar decentralisering wordt gestreefd. Te bedenken dat sommige kunsten zoals het toneel, de dans of de zang tot voor kort het monopolie waren van de steden en in Frankrijk zelfs van Parijs en zijn conservatoria ! Er is dus wel degelijk een grote invloed uitgegaan van het toneelmonopolie dat in de 17de

(3) Uit een komedie als *Monsieur de Pourceaugnac* van Molière, die trouwe dienaar van het hof, blijkt duidelijk hoe over de „provincie" voortaan erg misprijzend wordt gesproken.

eeuw aan de *Comédiens du roi* werd toegekend!

Die toestand zou misschien nog wel langer hebben geduurd, waren de huidige technische middelen er niet geweest. Radio en televisie hebben inderdaad aan allen gebracht wat tot dan toe voor enkelen was weggelegd. De verspreiding van de cultuur is erdoor vergemakkelijkt. Men kan kritiek uitbrengen op het niveau waarop dit gebeurt, maar het blijft een feit dat aan de vroegere monopolies een einde werd gesteld. In tegenstelling tot wat men misschien had gevreesd, stimuleren radio en televisie plaatselijke initiatieven. Muziek, dans en toneel bereiken ook de zogenaamde „achtergebleven" gebieden en worden weer gemeengoed, voor allen toegankelijk. Deze immense vooruitgang is bijna universeel. Overal gaat zij gepaard met lokale initiatieven om de bronnen van de originele cultuur van gehucht, dorp of streek aan te boren. Die werd lange tijd miskend en misprezen, maar vroeg er tenslotte om weer ontdekt te worden. Als wij even verder denken, aan Europa en aan de wereld, dan is het goed denkbaar dat deze nieuwe gevoeligheid verder zal ontwikkelen. Hierbij zou dan tegelijk rekening worden gehouden met de rijke plaatselijke mogelijkheden waarin elke groep, stam, volk of gemeenschap, elk menselijk wezen zich geworteld kan voelen en zichzelf kan uitdrukken.

Om echter naar ons uitgangspunt terug te keren: wij moeten nog nagaan welke rol de koning heeft gespeeld in die feodale maatschappij, vooral van het einde van de 10de tot het begin van de 15de eeuw, toen die haar hoogtepunt en evenwicht bereikte. In een formule als „in duizend jaar tijd maakten de koningen Frankrijk" [4], hoewel vandaag nog weinig gebruikt, wordt op een belangrijk punt gezinspeeld, op de verwarring namelijk tussen het middeleeuwse koningschap en de klassieke monarchie. Het heeft nu weinig belang of het

(4) De leuze van Maurras en de *Action Française*.

koningschap erfelijk was of niet [5]. Als men vooral het politieke, militaire en administratieve aspect ervan in aanmerking neemt, kan men dan nog zeggen dat een Lodewijk XIV het werk van de Heilige Lodewijk voortzette ? Het is een historische fout hen beiden „koning" te noemen. De functie van de koning is zo grondig gewijzigd dat een nieuwe naam zich opdringt. De feodale koning is een heer onder de andere heren. Hij beheert net als zij een eigen leen, waarbinnen hij recht spreekt, de mensen verdedigt en cijns in natura of in geld int. Daarnaast is hij ook de konng die de heilige zalving heeft ontvangen. Hij is aangesteld tot scheidsrechter in de conflicten, tot suzerein der suzereinen en tot verdediger van het koninkrijk. Daartoe moeten de andere heren hem gedurende een beperkte tijd van het jaar, veertig dagen namelijk, militaire hulp verlenen. De praktische schikkingen voor deze hulpverlening worden door het gewoonterecht geregeld. De koningstitel betekent echter niet dat hij meer economische of militaire macht heeft dan een van zijn vazallen. Hij zal er natuurlijk wel over waken dat het evenwicht tussen de grote vazallen of tussen die vazallen en hemzelf, bewaard blijft ; daarom waren huwelijken en erfenissen toen zo belangrijk.

Het koninklijk gezag was dus vooral een moreel gezag, maar daarom niet platonisch. Dat wordt duidelijk genoeg aangetoond met het volgende feit. In 1159 wordt Raymond V, graaf van Toulouse, bedreigd door Hendrik II Plantagenêt. De Franse koning Lodewijk VII moet dus een van zijn grote vazallen beschermen en alleen al zijn aanwezigheid in het kasteel van Toulouse doet Plantagenêt van zijn oorlogsplannen afzien. Hedendaagse historici hebben naar een voor hen aannemelijke (en dus militaire of economische) reden gezocht waarom Hendrik II, zelf koning, Toulouse zomaar opgaf.

---

(5) Vroeger was het begrip „wettige" koning misschien wel belangrijk, toen juridisch was vastgelegd dat de zoon zijn vader zou opvolgen. Men stelt vast dat dit al een hele tijd niet meer het geval is.

Voor zijn tijdgenoten sprak het vanzelf dat hij de regels van het spel moest respecteren. Had hij dat niet gedaan, dan hadden zijn eigen vazallen dat als een voorwendsel beschouwd om zelf op te treden [6]. De episode zelf, en het onbegrip dat erop is gevolgd, zijn allebei typisch.

Nochtans vertoont het feodale koningschap geen van de klassieke kenmerken van de soevereine macht. De koning kan geen algemene wetten uitvaardigen, geen belastingen heffen en geen leger mobiliseren in heel zijn koninkrijk. In de loop van de 15de eeuw zal hij echter wel geleidelijk die macht verwerven : dat is een gevolg van de heropleving van het Romeinse recht. De rechtsgeleerden uit het zuiden, die heel invloedrijk waren aan het hof van Filips de Schone, formuleerden als eersten de principes die van de suzerein een soeverein zouden maken : „De koning van Frankrijk is heerser in zijn koninkrijk... zijn wil is wet". In die tijd waren dergelijke principes niet meer dan utopieën. De wereldgeschiedenis hangt echter aaneen met utopieën die werkelijkheid werden. In dit geval was er 200 jaar voor nodig, maar door de omstandigheden werd de ontwikkeling wel versneld. De 14de eeuw en de eerste helft van de 15de werden immers getekend door oorlogen en grote rampen als hongersnoden en besmettelijke ziekten. Karel VII is de eerste koning die op het einde van zijn heerschappij over een permanent leger en vaste belastingen beschikt. Zijn zoon Lodewijk XI zette een werkelijk gecentraliseerde administratie op, die aan de stoutste dromen van Filips de Schone zou hebben beantwoord. Pas Frans I zou een koning met volledig soevereine macht worden. Met Paus Leo X sloot hij namelijk het Concordaat waardoor hij erkend werd als het hoofd van de kerk van Frankrijk en waardoor hij zelf bisschoppen en abten kon aanstellen. Dat was een grondige en fundamentele verandering

(6) Hendrik Plantagenêt was voor zijn lenen op het vasteland (het westen van Frankrijk van Normandië tot Gascogne) vazal van de koning van Frankrijk. Sinds 1154 was hij echter ook koning van Engeland.

voor de Kerk. De monarch, diegene die *alleen* (monos) regeert, heeft alle macht over de administratie, het leger en de financiën, maar ook over het geweten van zijn onderdanen. Voortaan past het beter van een monarch te spreken dan van een koning. Vooral in Frankrijk is de macht absoluut en gecentraliseerd. Toch zijn er bepaalde onsamenhangendheden die de macht van de koning beperken, anders had men immers de oude instellingen uit de feodale tijd moeten omsmeden. Zo zullen leger en financiën dikwijls knelpunten blijven in het bestel.

Men zal de bestaansmiddelen van het koninkrijk nog geruime tijd gelijkschakelen met het erfgoed van de koning, de inkomsten dus uit het oude koninklijke domein. In Frankrijk bijvoorbeeld zal de staat pas na de Revolutie over een echt systeem van openbare financiën beschikken. Het leger blijft uit vrijwilligers samengesteld en drie eeuwen lang had men Zwitserse bataljons nodig ter versterking : meer dan een miljoen soldaten en vierhonderd generaals. De „absolute" monarchen kwamen ook niet tussen in het privaatrecht. Als een ingreep werkelijk nodig was, beperkten zij zich tot formele aanpassingen van de wetten. De plaatselijke gebruiken bleven dus grotendeels de rechtspraak bepalen.

Eigenaardig genoeg was er in 1789 sprake van de „feodaliteit" af te schaffen. Dat was een zeer onnauwkeurige benaming, want de verdeling van het land gebeurde al zowat 400 jaar op een andere manier. Albert Soboul [7] formuleert het als volgt : „De feodaliteit, in de middeleeuwse betekenis van het woord, beantwoordde in 1789 nergens meer aan. Voor de burgers, maar vooral voor de landbouwers van toen verwees deze abstracte term echter naar een werkelijkheid die zij goed kenden (feodale rechten en het gezag van de heren) en die eindelijk werd opgeruimd."

De termen „feodaal" en „feodaliteit" werden toen inder-

(7) *Aujourd'hui l'histoire,* Parijs, Ed. sociales, 1974, blz. 271.

daad erg misbruikt. Alles wat niet „klassiek" is wordt, enigszins pejoratief, „gotisch" genoemd. Op dezelfde manier gaat men alles wat men niet zo apprecieert in het Ancien Régime als „feodaal" bestempelen. In dit „alles" zitten enkele verre overblijfselen uit de „feodale" periode. Vooreerst was er de aanwezigheid van de kastelen — tenminste wat aan de systematische slopingen van Richelieu en Vauban was ontsnapt. Ter gelegenheid van sommige feesten in de parochiekerk genoten sommigen nog altijd het voorrecht het gewijde brood aan te bieden. Hier en daar waren er zelfs nog overblijfselen van de oude rechtspraak door de heren. Daarover deden heel wat verhalen de ronde, meestal gebaseerd op woordspelingen, zoals het beruchte *droit de cuissage,* het recht van de heer op de eerste huwelijksnacht van de vrouwen van zijn lijfeigenen.

Bepaalde termen doen ons ook ten onrechte aan de middeleeuwen denken. De koningsdienst werd in 1720 ingevoerd en drukte zwaar op de landbouwbevolking, maar die had niets te maken met de oude herendienst die bijna overal afgekocht of in onbruik geraakt was.

Wat echter nog het meest verwarring stichtte, was het feit dat de burgers die tijdens de drie eeuwen van het Ancien Regime grond hadden gekocht, met steeds meer ijver de vroegere rechten van die domeinen waren gaan opzoeken, om die opnieuw te laten toepassen. Onnodig daaraan toe te voegen dat zij vooral de cijns in geld of in natura op het oog hadden, maar over de bescherming die zij moesten bieden wijselijk zwegen, want dat was de taak van de centrale overheid geworden. In de 18de eeuw groepeerden de zogenaamde feodalisten zich in een meesterschap of gilde. Hun bezigheden bestonden erin de oude archieven na te pluizen en cijns- en eigendomsboeken op te stellen [8].

(8) Daarin waren de oude rechten verzameld. Met verbazing stelt men vast hoeveel van die cijnsboeken (daarin stonden de cijnzen voor een bepaald gebied opgetekend) uit de 17de en 18de eeuw in openbare of privéarchieven bewaard zijn gebleven.

Als de landarbeider ooit werd uitgebuit, dan was het wel in deze periode. Door het opzoeken van de oude „feodale" rechten werd opnieuw cijns ingevoerd waar die al lang in onbruik was geraakt, hetzij omdat de vroegere heren er zo lang hadden van af gezien dat die toestand door het gewoonterecht werd bestendigd (denk aan al die heren die niet van de kruistochten terug kwamen) hetzij omdat de landbouwers ze afgekocht of aangepast hadden.

Op het ogenblik dat burgers eigenaars werden van de vroegere domeinen en zij de oude rechten weer opzochten, organiseerden zij het echter zo — en dit met de steun van het parlement — dat de landbouwer die „terugkoop" moest bewijzen. Meestal was dat onmogelijk, want in de feodale tijd werden afspraken alleen mondeling gemaakt. Zo stapelden dergelijke rechten zich op terwijl zij elkaar voorheen dikwijls slechts opvolgden. Men begrijpt dan ook de verbetenheid waarmee de landbouwers in 1789 de archieven van de heerlijkheden verbrandden. Die rechten waren echter maar „feodaal" in naam. De tienden zijn een typisch voorbeeld van dit weer in voege komen van belastingen. Tienden werden in bepaalde gebieden al tijdens de hoge middeleeuwen geïnd. Tijdens de Karolingische periode werd die belasting om in de behoeften van de clerus te voorzien over de meeste plattelandsgebieden van kracht en uiteindelijk ging zij tot de lasten van een bepaald grondgebied behoren. Wanneer die grond door een burger werd gekocht, dan bleef hij dat geld innen, zelfs als hij geen kerkdiensten verzorgde. In hoeveel domeinen kreeg het kerkelijke tiende tijdens het Ancien Regime een dergelijke betekenisverandering ? Men weet het niet precies, maar het gebruik moet wel erg verspreid zijn geweest : op de vooravond van de Franse Revolutie sprak men algemeen over het „burgertiende".

„Feodaliteit'" was toen een volkomen dubbelzinnig begrip geworden, net zoals ook „gotisch" of „middeleeuwen". Het is natuurlijk totaal onzinnig een periode van 1000 jaar menselijke geschiedenis met „middel" aan te duiden, alsof het een gewone tussenperiode betrof.

We moeten hier werkelijk op hameren, want de benaming „feodaliteit" werd misbruikt, vooral als men de even dubbelzinnige term „burgerij" ertegenover ging stellen. In Marx' *Das Manifest* van 1847 vinden wij de stand van de historische wetenschap van dat ogenblik weerspiegeld. In het begin van de 18de eeuw situeert hij het begin van „de strijd tegen het feodaal absolutisme"' en hij kent de burgerij „een essentieel revolutionaire rol" toe in de geschiedenis. Onttrekt zij het platteland immers niet aan een „toestand van gevoelloosheid en latente barbaarsheid?" Geen van deze stellingen zal nog door een modern historicus onderschreven worden. Zijn volgelingen [9] bleven de termen op dezelfde manier misbruiken, want zij wilden ten allen prijze het schema feodaliteit-burgerij-proletariaat gaaf houden. Hun fout is even groot als die van hun tijdgenoten die de term „gotisch" een dubbelzinnige betekenis geven. Wanneer de marxistische historici beweren dat de feodaliteit door de Franse revolutie werd teniet gedaan, dan gedragen zij zich als die geestelijken die het tweede Vaticaans Concilie als „het einde van de Constantijnse periode" zien — alsof er in 1600 jaar niets zou gebeurd zijn, alsof het ontstaan van de staatskerk in het be-

(9) Citeren wij hier onder veel anderen de Sovjet-Russische historicus die in Pierre Abélard de voorvechter ziet van de onafhankelijkheid van de steden en in Sint-Bernardus de verdediger van de feodaliteit. Ik moet de mensen gelukwensen die in de geschriften van Abélard ook maar de kleinste toespeling vinden op een zekere bekommernis voor de onafhankelijkheid van de steden of bij Sint-Bernardus ook maar de kleinste bezorgdheid voor de „feodaliteit". Beiden stamden zij af van de kleine landadel (wat voor hen weinig belang had, want in hun jeugd deden zij beiden afstand van hun rechten) en zij hadden beiden slechts één interesse : de stad van God, het rijk Gods — hoewel hun wegen daartoe verschilden.

Het volstaat om hier verder ook de beruchte controverses rond Mendel en Lyssenko in herinnering te brengen, om vast te stellen dat de wetenschap — en ook de geschiedenis is een wetenschap — zich niet kan voegen naar vooraf uitgedachte patronen.

gin van de 16de eeuw geen ingrijpende verandering geweest zou zijn!

⁂

Als men zich aan de historische feiten houdt en niet persé zijn vooroordelen bevestigd wil zien, moet men wel erkennen dat de geboorte en de opbloei van de burgerij op hetzelfde moment te situeren vallen als de grote verspreiding van het feodaal stelsel. In teksten van het begin van de 9de eeuw komt het woord „burger" al voor en het is precies tijdens de feodale periode (11de, 12de en 13de eeuw) dat nieuwe steden en gemeenschappen ontstaan, dat steden hun rechten opstellen enz. Als er een „klassenstrijd" is geweest, dan heeft die zich binnen die stadsburgerij afgespeeld. Een aantal gulzige en handige handelaars zullen hier en daar wel de beperkingen hebben vernietigd die prijsopdrijving, monopolievorming en overdreven winsten in de weg stonden. Die innerlijke strijd heeft er in de meeste gevallen toe geleid dat de steden hun autonomie verloren. Op dat ogenblik (tussen het einde van de 13de en het einde van de 15de eeuw) verzwakte ook de quasi-autonomie van de heerlijkheden. In Frankrijk was de koning de grote overwinnaar : in het begin van de 16de eeuw wordt hij een monarch. Zowat overal in het Westen ontstaan naties en krijgt de Staat, de openbare macht, weer het belang dat ze had in de Romeinse oudheid. Wanneer de burgerij tijdens de Franse Revolutie naar de macht grijpt, vernietigt zij niet de „feodaliteit", maar het Ancien Regime dat zij grotendeels had helpen creeren, maar dat haar de politieke macht onthield.

Wanneer wij op die manier het ene schema door het andere vervangen, dan moeten wij wel erkennen dat wij oneerbiedig, bijna heiligschennend omspringen met de dogma's. Toekomstige historici zullen misschien verwonderd opkijken als zij zien dat de intellectuelen uit onze tijd aan alles wat uit de Duitse filosofie voortkomt — Marx, Nietzsche, Freud en zoveel anderen — die dogma-waarde toekennen.

Toch moeten wij erop wijzen dat de marxistische historici inconsequent zijn : zij beweren te steunen op de Geschiedenis, maar kunnen niet aanvaarden dat die in de loop van anderhalve eeuw geëvolueerd is.

Wij leven tenslotte niet meer in de eeuw van Galileï...

HOOFDSTUK 5

OVER DE KIKKERS EN DE MENSEN

De slavernij is waarschijnlijk wel het markantste kenmerk geweest van de antieke beschavingen. Het valt echter op hoe bescheiden daarover in de geschiedenisboeken gepraat wordt. Over het verdwijnen van de slavernij helemaal in het begin van de hoge middeleeuwen of de plotselinge heropflakkering ervan in het begin van de 16de eeuw, spreekt men met een uitzonderlijke omzichtigheid. In geen enkel handboek van de middelbare school — ik heb er mij mee beziggehouden die allemaal na te kijken — wordt de geleidelijke vermindering van de slavernij vanaf de 4de eeuw besproken. De middeleeuwse lijfeigenschap wordt scherp veroordeeld, maar over de overigens vrij paradoxale heropbloei van de slavernij in de 16de eeuw rept men met geen woord.

Iemand met gezond verstand zal hierover verwonderd staan : het valt toch moeilijk te ontkennen dat de maatschappij van de oudheid de slavernij als natuurlijk en noodzakelijk beschouwde. Tegen het einde van de Romeinse tijd, toen het christendom trouwens al opgang maakte, merkte Seneca op dat de slaaf een mens is. Dat was een strikt persoonlijke opmerking vanwege een man met een rijke geest, die een uitzondering vormde in zijn tijd. Het is trouwens slechts door zijn zelfmoord dat hij aan een terdoodveroordeling door de keizerlijke macht ontsnapte. Dat alles heeft dus niet belet dat de slavernij heeft voortbestaan tot aan de zogenaamde hoge middeleeuwen. De historici van het antieke Rome hebben er niet meer kwaad in gezien dan de Romeinen zelf en zolang men de klassieke oudheid exclusief en ongenuanceerd bewonderd heeft — dat wil zeggen van de 16de eeuw tot op onze dagen — heeft niemand erop gewezen dat dit voor een maatschappij die alom tot voorbeeld werd gesteld, toch wel een groot gebrek was. Zelfs een Bossuet stelde zich tot taak te bewijzen dat de slavernij een „natuurrecht" was. Anderzijds was men dan wel verontwaardigd over de middeleeuwse lijfeigenschap. Men vond het typisch voor die donkere eeuwen die door onwetendheid en tirannie werden beheerst. Een aantal universiteitsstudenten wil — vandaag nog — de zaak vereenvoudigen en vertaalt *servus* in de teksten uit de 12de eeuw door *slaaf*. Zij begaan hier een flagrante fout tegen de geschiedenis van recht en gewoonten van de tijd die zij bestuderen, maar zij kunnen zich moreel beter verantwoorden. Anderen gaan subtieler te werk. Wanneer zij spreken over de slavernij in de mohammedaanse wereld, verklaren zij dat ook de andere omwonenden van de Middellandse Zee tijdens de Karolingische periode wel slaven *moeten* gekocht en verkocht hebben. Is dat *moeten* wel met de historische nauwkeurigheid te rijmen? [1]

Laten wij deze fantasieën voor wat ze zijn. Het blijft een feit dat de antieke *servus,* de slaaf, en de middeleeuwse *servus,* de lijfeigene, niet met elkaar te vergelijken zijn. De ene is een ding en de andere een mens. Tussen de oudheid en de middeleeuwen wijzigden zich de opvattingen over de menselijke persoonlijkheid traag maar zeker. Tengevolge daarvan zal men niet langer met een gerust geweten slaven kunnen kopen en verkopen.

De vervanging van de slavernij door de lijfeigenschap is wellicht het sociale gebeuren dat het beste aantoont hoe de invloed van het Romeinse recht en de Romeinse mentaliteit in de Westerse gemeenschap van de 5de en 6de eeuw verzwakt waren. Bij de val van het Romeinse rijk riep Salvien,

(1) Men gaat daar nog meer aan twijfelen als men de — uiterst zeldzame — bewijzen in handen krijgt van de verkoop of aankoop van slaven in het mohammedaanse Nabije-Oosten, in de 13de-eeuwse notarisakten uit Marseille. Ze vormen een onomstootbaar bewijs dat de zuidelijke handelaars zich in hun contacten met de barbaarse landen niet inlieten met een handel die door de Kerk uitdrukkelijk verboden en door de tijdsgeest veroordeeld werd. De slavenhandel was toen ongetwijfeld te vergelijken met die van het einde van de 19de en het begin van de 20ste eeuw, ook te Marseille : alleen weinig gewetensvolle reders hielden er zich mee bezig, hoewel het door de wet reeds overal verboden was.

priester te Marseille, uit: „De Romeinen (hij bedoelde de volkeren die aan Rome onderworpen waren) hebben maar één wens : nooit meer onder het juk van Rome terechtkomen". Het gevoel van bevrijding was zeker te vergelijken met dat van de gedekoloniseerde volkeren vandaag. Het gaat hier inderdaad om vergelijkbare toestanden, hoewel wij hier niet willen beweren dat de geschiedenis zich herhaalt! De bewustwording van een volk dat toen bevrijd werd van het Romeins imperialisme, van zijn instellingen, zijn ambtenaren en zijn handelaars, is inderdaad de bewustwording vandaag van zoveel volkeren in Afrika en Azië.

De weldaden van de Romeinse kolonisering werden alleen door de slachtoffers naar waarde geschat. Overal doken toen echter de oorspronkelijke gebruiken van de verschilllende Westerse volkeren op ; met de „barbaren" vertoonden zij heel wat overeenkomsten. Die Keltische en Germaanse volkeren kenden de slavernij slechts in heel milde vormen, die niet met het christendom in tegenspraak waren. De middeleeuwse lijfeigene is een persoon, en wordt als dusdanig behandeld. Zijn meester kon niet over zijn leven of dood beschikken, wat hij volgens het Romeinse recht wel kon. De lijfeigenschap was trouwens meer dan een bepaalde juridische categorie. Het was een toestand die samenging met een uiterst land- en grondgebonden levenswijze. Ze werd ingegeven door de noden van de landbouw en vooral door de behoefte aan stabiliteit die het bewerken van de grond met zich meebrengt. In de maatschappij die in de 5de-6de eeuw ontstaat draait het hele leven rond de grond die de mens voedt. Van de lijfeigene verwacht men stabiliteit : hij moet op het domein blijven, moet de grond bewerken, omspitten en ploegen, zaaien en ook maaien. Hij mag die grond niet verlaten, maar weet dat hij ook zijn deel van de oogst zal krijgen. De heer van het domein kan hem dus niet verdrijven en de lijfeigene kan er niet van door gaan. Deze nauwe band tussen mens en grond vormt het wezenlijke kenmerk van de lijfeigenschap. Verder bezit de lijfeigene trouwens alle rechten van een vrij man : hij mag trouwen, een familie stichten, na zijn dood krijgen zijn kinderen de grond en de goederen die hij heeft weten te verwerven. De heer heeft, zij het op een ander vlak, evenveel verplichtingen als zijn lijfeigenen : hij mag zijn grond niet verkopen of overdragen en hem ook niet verlaten.

De situatie van de lijfeigene was dus volkomen verschillend van die van de slaaf. Die mocht niet trouwen en geen gezin stichten en op geen enkel punt op menselijke waardigheid aanspraak maken. Hij was een voorwerp dat gekocht en verkocht kon worden en dat volledig aan de macht van een ander mens, de meester, onderworpen was.

Mensen van mijn generatie associëren de middeleeuwse lijfeigene met een lang kikkerconcert. In onze schoolboeken stond inderdaad dat hij het grootste deel van zijn tijd doorbracht met in de vijver te slaan om kikkers te doen zwijgen die zijn meester beletten te slapen. Dat zo'n absurd verhaal geloofd werd — en men vindt het in teksten vanaf het begin van de 17de eeuw — bewijst hoe de verbeelding wel eens weerwraak neemt op de rede : men vroeg zich zelfs niet af wat er nu het meest lawaai maakte, de kikkers — in de veronderstelling dat men die kon doen zwijgen — of het slaan op de vijver!

Over deze landman, dit bescheiden en anonieme wezen waarover in de teksten niet wordt gesproken, werd al heel wat literatuur geschreven. Als men de archieven nauwkeurig nakijkt, blijkt echter dat de geschiedenis van de lijfeigene in veel gevallen te reconstrueren valt. Dat deed een historicus als Jacques Boussard met veel talent en nauwgezetheid [2]. Aan de hand van het archief van de abdij van Ronceray slaagde hij erin de geschiedenis van de lijfeigene Constant le Roux op te stellen. Het was werkelijk een man van bij ons, een telg uit het ontelbare geslacht der De Grootes, De Smae-

(2) J. Boussard in „La vie en Anjou du IVe au XIIIe siècle", *le Moyen Age,* deel 56, 1950, blz. 29-68.

les en dergelijke. Zijn leven en bezigheden kan men aflezen uit vrij onbelangrijke stukken over zijn verschijning, verklaringen, opsommigen, contracten, schenkings- en ruiloorkonden enz. Het zijn grotendeels onontgonnen bronnen van informatie.

Deze Constant le Roux, lijfeigene van de heer van Chantoceaux in Anjou, leefde in de laatste jaren van de 11de eeuw. Hij was een verwoed maar ook gewiekst werker die geen gelegenheid liet voorbijgaan om zijn lapje grond te vergroten. De zusters van het klooster van Ronceray vertrouwen hem het toezicht toe over een wijnkelder dicht bij de kerk van Saint-Evroult en over een wijngaard in het gehucht La Doutre. De gravin van Anjou schenkt hem een andere wijnkelder, dicht bij de muren van Angers. Wanneer de slotzusters van Ronceray een huis, een bakkerij en een wijngaard verwerven vlakbij de kelder van Constant, aan de Chauzépoort, maken zij dat geheel tegen lijfrente aan hem over. Kort daarna voegen zij daar nog het Espay-gebied aan toe, dat akkers en weiden omvat. Constant is intussen getrouwd en krijgt er genoeg van voor half geld te werken. Na enig aandringen kan hij van de zusters gedaan krijgen dat zij hun gronden aan hem verhuren, wat voor hem voordeliger uitvalt. Hij breidt zijn zaak nog uit met een wijngaard te Beaumont en twee morgens weiland te la Roche-de-Chauzé. Hij had geen kinderen en verkreeg van de zusters dat zijn gronden aan zijn neef Gautier werden overgemaakt. Zijn nicht Yseut trouwde met de kelderbewaarder van de abdij, Robot. Zijn geschiedenis is typisch tot aan het einde toe : hij trad in het klooster te Saint-Aubin, terwijl zijn vrouw slotzuster werd te Ronceray.

Voegen wij hier nog aan toe dat wie zich maar over de documenten wil buigen, veel dergelijke figuren kan vinden die koppig verder streven naar een bescheiden succes. Wij denken bijvoorbeeld aan een stuk dat destijds in het museum voor Franse geschiedenis was tentoongesteld. Daarin zag men twee lijfeigenen, Auberede en Romelde, die op het einde van de 11de eeuw (tussen 1089 en 1095) hun vrijheid afkochten met een huis dat zij bezaten op de markt van Beauvais. Daaruit blijkt toch dat lijfeigenen persoonlijke bezittingen mochten hebben.

Toch verkeerden de lijfeigenen in een allesbehalve benijdenswaardige situatie : hen bevrijden gold als een werk van barmhartigheid. In de oudste kerkelijke archieven steken heel wat vrijlatingsoorkonden, waarbij 100, 200 of 500 lijfeigenen vrij werden verklaard, maar soms ook maar één familie of één man. Met de lijfeigenschap was het als met elke andere vrijheidsbeperking van de mens : men kon ze verdragen zolang ze een onvermijdelijke schaduwzijde was van de hulp die men kreeg. Zodra de mens echter zelf in zijn behoeften kon voorzien werd ze ondraaglijk. De landbouwer zal misschien dankbaar geweest zijn omdat men hem niet van het domein kon verjagen. Op het moment echter dat hij buiten het domein zijn bestaan kon opbouwen, dat hij liever de baan op wou om handel te drijven, verkoos hij de vrijheid. Dat deed zich inderdaad voor toen de steden zich ontwikkelden, vanaf het einde van de 10de eeuw en in de 11de eeuw. De bewoners van een nieuwe stad die op het grondgebied van een heer was ontstaan, vroegen eerst en vooral de vrijheid van komen en gaan. Lijfeigenen hadden die vrijheid niet en konden dus geen handel drijven.

Een oude landarbeider die niet meer werken kon en zijn laatste jaren in een tehuis doorbracht, vertrouwde mij het volgende toe : „Ik heb die grond mijn hele leven bewerkt, maar ik bezit er geen vierkante meter van". Een middeleeuwse lijfeigene was dan toch beter af : hij was er zeker van zijn leven in vrede te mogen beëindigen op het domein. Hij bezat niets, maar hij mocht alles gebruiken. Wat dat betreft was zijn verhouding tot de grond dezelfde als die van de heer. Die had de grond nooit in volle eigendom zoals wij dat vandaag verstaan : zijn *geslacht* was eigenaar. Alleen goederen van ondergeschikt belang, die hij persoonlijk had geërfd, kon hij verkopen of vervreemden. Van het domein zelf had hij alleen het vruchtgebruik.

Deze speciale opvatting over de relatie tussen de mens en de grond is typisch voor die tijd. Het begrip volle eigendom was bekend. Het eigendomsrecht, typisch voor het Romeinse recht, maakte geen deel uit van de middeleeuwse gebruiken. Men kende alleen het vruchtgebruik en dat was dan meestal nog bezwaard met verschillende dienstbaarheden : de landbouwer mocht zijn vee laten grazen in de bossen van het domein, hij mocht er timmer- en brandhout halen enzovoort. Het almachtige gewoonterecht deed op die manier een spel van wederzijdse afhankelijkheden ontstaan, dat van de middeleeuwse maatschappij een uiterst dichtgeweven netwerk maakte. Niet alleen de historici, maar ook de tijdgenoten vonden het een ingewikkeld systeem. De ouderen van de streek moesten bescheid geven in bepaalde betwistingen en werden geraadpleegd om te weten welke gebruiken er in de streek bestonden om een bepaald probleem op te lossen. We staan hier voor een sterke tegenstelling tussen de antieke en de middeleeuwse maatschappij. Ook wij die door het Romeinse recht werden gevormd, hebben alle moeite om te begrijpen hoe in de middeleeuwen de relatie tussen de mensen en de relatie tussen de mens en de grond werden geregeld. In sommige landelijke streken bleven resten van dat gewoonterecht bestaan tot in de 19de en zelfs tot het begin van de 20ste eeuw. Vandaag getuigt alleen de taal er nog van (denken wij aan het recht om na de oogst te weiden op particuliere open gronden, aan snoeiverbod voor de heer enz.)

Het verschil tussen het feodale vruchtgebruik en het „Romeinse" eigendomsrecht komt duidelijk tot uiting in het voorbeeld van Counozouls in de Aude, dat ik heb aangehaald in mijn *Histoire de la bourgeoisie*[3]. In het begin van deze eeuw maakten de inwoners van dit dorpje nog altijd gebruik van het recht dat zij sinds onheuglijke tijden bezaten om de bossen rond de gemeente te gebruiken. Nochtans gold ook daar

(3) *Histoire de la bourgeoisie en France,* dl. 2, Parijs, Seuil, 1962, blz. 588-589.

het burgerlijk wetboek en de wet op de bossen van 1827. Op een zeker ogenblik verkocht de familie La Rochefoucauld [4] die bossen aan de industrieel Jodot. Hij paste de wet toe en ging die bossen als privé-eigendom beschouwen, maar stootte op de woeste tegenstand van de dorpsbewoners. De inwoners van Counozouls leven dus vandaag nog in volle middeleeuwen — en ditmaal maken wij geen misbruik van de term! Daartoe hebben zij echter een uitzonderlijke solidariteit en samenhorigheid aan de dag moeten leggen. Zij hebben zichzelf tot een „vrije republiek" moeten uitroepen en stuurden één van de inwoners naar Toulouse om er rechten te studeren. Zo konden zij zich beter verdedigen en konden zij het vruchtgebruik over die bossen behouden, wat aan de grondslag ligt van hun welvaart.

Uiteindelijk heeft de band van de lijfeigenschap in onze Westerse wereld in het voordeel van de landbouwer gespeeld. In centraal en Oost-Europa was de landarbeider vrij, maar ook blootgesteld aan alle risico's en alle onzekerheid die vandaag nog het lot is van landarbeiders in Afrika en Azië. Denken wij allereerst maar aan de onteigening die hen kan treffen als zij schulden hebben bij een verhuurder of aan het feit dat woekeraars hen kunnen verplichten de oogst op het veld te verkopen. Pas veel later, in de klassieke en de moderne tijd, ontstaat in de Slavische landen bijvoorbeeld, een veel hardere lijfeigenschap dan die van de Westerse lijfeigenen in de middeleeuwen. In de 14de eeuw, toen de adel verzwakte, waren de Westerse lijfeigenen praktisch eigenaar van de grond die zij bewerkten. Vanaf de 17de eeuw in Frankrijk en de 16de in Engeland wijzigt zich echter de manier waarop de grond wordt overgedragen. Jean-Jacques Rousseau dacht ten onrechte dat de toeëigening was ontstaan door het afbakenen van oorspronkelijke gemeenschappelijke gronden. In Engeland zal de strijd zich precies rond die afsluitingen

(4) Zoals enkele andere oude heren hadden zij het recht op vruchtgebruik dat de landbouwers vanouds hadden genoten, tot aan de Revolutie, laten bestaan.

kristalliseren. Van bij het begin van het Ancien Régime werd de landbouwgrond gekocht en verkocht, wat slechts in geringe mate gebeurde in de feodale tijd. Zo ziet men in de nabijheid van de steden handelaars, parlementsleden en ambtenaren van de koning grond opkopen. De landarbeider die nu slecht is beschermd, houdt steeds minder over.

Om de zaak hier volledig uit te leggen zou een cursus rechtsgeschiedenis nodig zijn ; zover willen wij niet gaan. Komen wij terug op de lijfeigenschap, dan moeten wij, naast andere nadelen, ook vermelden dat het in die sterk hiërarchische middeleeuwse maatschappij een ondergeschikte positie was. Ze is enigszins met de situatie van de halfbloeden vandaag te vergelijken. Een vrij man, vooral als hij van adel was, verlaagde zich niet met een lijfeigene te trouwen. Een dergelijke mésalliance gaf toen aanleiding tot spanningen, want de sociale groep mocht rechten doen gelden over het individu en omgekeerd. Men probeert zich ook vrij te kopen, bijvoorbeeld met geld. De Kerk, zelf een bron van sociale mobiliteit, heeft de vrijlating van lijfeigenen ten zeerste bevorderd. Het mooiste voorbeeld is dat van Suger, de zoon van een lijfeigene, die in de abdij van Saint-Denis medeleerling was van de toekomstige koning Lodewijk VI. Op de schoolbanken ontstond tussen beiden een vriendschap die pas bij hun dood zou eindigen. Als abt van Saint-Denis zou Suger het koninkrijk besturen terwijl Lodewijk VII op kruistocht was. Bij diens terugkeer werd hij tot „vader van het vaderland" uitgeroepen.

Wat ook de voor- en nadelen van die middeleeuwse lijfeigenschap geweest mogen zijn, ze was niet te vergelijken met de heropbloei van de slavernij in de Amerikaanse kolonies in de 16de eeuw. Daar gaat het inderdaad om slavernij : personen worden er beschouwd en behandeld als voorwerpen, verkocht en overgeslagen als gewone vracht. Deze terugkeer naar de slavernij, door de koloniale expansie in de hand gewerkt, is kenmerkend voor de klassieke periode. Het toen gangbare humanisme blijkt geen aandacht te hebben opgebracht voor dat deel van de mensheid dat men zoals in de oudheid tot slaven maakte.

De vernieuwde invloed van de Oudheid heeft er ongetwijfeld toe bijgedragen deze niet te rechtvaardigen handel goed te praten. Van bij het begin van de 16de eeuw was er een controverse tussen dominikanen als Bartholomeus de las Casas of Vitoria enerzijds en de rechtsgeleerden van Salamanca anderzijds. Deze laatsten steunden op het voorbeeld van de *Pax Romana* om de argumenten van de geestelijkheid te weerleggen. De Kerk klaagde bij de koning van Spanje de zondigheid aan van de veroveringsoorlogen en van de slavernij [5]. Dat heeft niet belet dat de volkeren van Europa die van Amerika, Afrika en een deel van Azië aan zich onderworpen omwille van economisch en politiek voordeel. Men ging op de duur het belang van een staat afmeten aan zijn koloniale macht, dit ten koste van steeds zwaardere oorlogen en dankzij de methodische organisatie van de handel in Afrikaanse zwarten. Zij werden met hele vrachten naar het Nieuwe Continent gebracht om er bijvoorbeeld op de suikerplantages op de Antillen te werken. Het was de befaamde „driehoekshandel" : vooral Engelse, maar ook Franse, Spaanse en Portugese handelaars kochten negers aan op de Afrikaanse kust en verkochten die aan de planters op de Antillen, in Guyana en zo. Men zou het hier ook over de volkerenmoorden van vooral de 19de eeuw moeten hebben, te beginnen met de uitroeiing van de Indianen in Noord-Amerika. Wanneer de apartheid in Zuid-Afrika ons vandaag een onaanvaardbaar anachronisme lijkt, dan mogen wij wel niet vergeten dat het probleem van de apartheid in Australië en Nieuw-Zeeland bijvoorbeeld niet aan de orde is omdat de inboorlingen gewoon werden uitgeroeid. De ambassadeurs van

(5) Zie het werk van M. Mahn-Lot, *La découverte de l'Amérique,* Parijs, Flammarion, verzamelinng „Questions d'histoire", 1970, nr. 18, vooral blz. 83 e.v. Interessant zijn ook de teksten die door dezelfde auteur werden vertaald en van commentaar voorzien : *B. de las Casas, l'Evangile de la Force,* Parijs, Cerf, 1964.

Australië en Nieuw-Zeeland vragen ons de bevolkingscijfers mee te delen ; de lezer kan zelf oordelen. Australië telt twaalf en een half miljoen inwoners, onder wie 150.000 inboorlingen. Nieuw-Zeeland (volgens de telling van 1961) twee miljoen, onder wie 168.000 inboorlingen.

Wat de klassieke periode betreft volstaat het wellicht te vermelden dat Colbert en de Zonnekoning in volle gemoedsrust regelingen troffen in verband met de levensomstandigheden van de slaven op de Antillen en handelsmaatschappijen oprichtten of steunden om ze over te brengen. De weelde van Bordeaux, Nantes en La Rochelle zegt genoeg. Frankrijk was ook het enige land dat een soort wet ter bescherming van de zwarte slaven had uitgewerkt. Als men weet dat de blanken over de toepassing van deze wet moesten waken, begrijpt men echter dat het een vrij platonische verordening bleef. Deze toestand zou duren tot de Revolutie van 1848, want de bevrijdingsbeweging van 1793 maakte slechts op papier een einde aan de slavernij. In de Angelsaksische landen bleef de slavernij bestaan tot aan de Secessieoorlog en in Brazilië nog langer.

HOOFDSTUK 6

DE VROUW ZONDER ZIEL

In 1975, het jaar van de vrouw, werd ontstellend veel naar de middeleeuwen verwezen. Het beeld van die duistere tijden speelde in de geest van allen en vormde een basisthema voor toespraken, colloquia, symposia en allerlei seminaries. Toen ik eens in een gezelschap de naam van Aliënora van Aquitanië uitsprak, viel men mij onmiddellijk enthousiast bij : „Wat een bewonderenswaardige figuur, in een tijd toen vrouwen alleen maar kinderen moesten krijgen". Ik deed opmerken dat ook zij daar blijkbaar aan dacht, dat zij tien kinderen had en dat dit, gezien haar persoonlijkheid, niet per vergissing zal zijn geweest. Het enthousiasme verkoelde even.

Het statuut van de vrouw in de middeleeuwen werd nog bijna niet ernstig bestudeerd. Merkwaardig werk wordt geleverd door het Jean Bodin genootschap. Tussen 1959 en 1962 gaf het twee dikke studies uit (respectievelijk 346 en 770 bladzijden) over *De Vrouw*. Daarin worden achtereenvolgens alle beschavingen onderzocht : de vrouw in de maatschappij van Siam of volgens de verschillende wetgevingen in spijkerschrift of volgens de malakitische-maghreb wet. Wat het middeleeuwse westen betreft, treft men slechts tien bladzijden aan over het canoniek recht, tien over de periode van de 13de tot het einde van de 17de eeuw, een studie over de klassieke tijd tot aan de invoering van de Code Civil, een andere over de Franse monarchie en een aantal detailstudies over Italië, België en Engeland tijdens de middeleeuwen. Dat is werkelijk alles. Over de feodale periode wordt met geen woord gerept.

Wij moeten hier ook geen studie verwachten over de vrouw in de Keltische maatschappij. Het staat nochtans vast dat zij daar een heel andere rol speelde dan in de Grieks-Romeinse beschavingen. Vocr de hedendaagse historici staan de Keltische man en vrouw op dezelfde hoogte, want ze worden nooit apart besproken. Men heeft de Kelten eens en voorgoed het bestaansrecht ontzegd.

Toch dringt zich een bepaalde vraag op [1]. Is het inderdaad niet verbazingwekkend dat in de feodale tijd ook de koningin wordt gekroond? Dit gebeurde meestal te Reims, soms ook wel in andere kathedralen van het koninklijk domein, maar altijd door de bisschop van Reims. Dat wijst erop dat men aan de kroning van de koningin evenveel belang hechtte als aan die van de koning. De laatste koningin die in Frankrijk werd gekroond was Maria de Medici. Dat gebeurde pas in 1610, op de vooravond van de moord op haar echtgenoot Hendrik IV. De plechtigheid vond plaats te Parijs. Dat was ook voordien het geval geweest, want door de Frans-Engelse oorlogen was een tocht naar Reims een militaire expeditie geworden. Vanaf de middeleeuwen (wij maken hier een onderscheid met de feodale tijd!) had de kroning van de koningin minder belang dan die van de koning. Frankrijk was toen in een chronische oorlog gewikkeld (de fameuze honderdjarige oorlog) en de militaire behoeften kregen voorrang op alle andere, zodat de koning in de eerste plaats een oorlogsleider was. Bovendien verdwijnt in de 17de eeuw de koningin op de achtergrond ten voordele van de gunstelinge. Tekenend is het lot van Maria-Theresia of van Maria Leszcynska. Toen de laatste koningin een deeltje van de macht wou heroveren, gaf men haar de gelegenheid daar berouw over te krijgen, want zij heette Marie-Antoinette. Eerlijkheidshalve moeten wij er wel aan toevoegen dat de laatste gunstelinge, du Barry, met haar op het schavot is gestorven.

Dit vluchtige overzicht van het statuut van de koninginnen geeft een vrij getrouw beeld van wat er met alle vrouwen is gebeurd. Hun plaats in de maatschappij en hun invloed verlopen volkomen parallel. Een Aliénor d'Aquitaine, een Blanche de Castille domineren werkelijk hun eeuw. Als de koning afwezig is, ziek of dood, hebben zij onbeperkte

(1) *Histoire de la bourgeoisie,* o.c., deel II, blz. 30-31.

macht. Zij hebben een eigen kanselarij, eigen lijfrente en hun eigen activiteiten — heel wat hedendaagse feministische bewegingen kunnen daar een voorbeeld aan nemen. In de klassieke tijd wordt de vrouw naar het achterplan geschoven. Zij oefent alleen in het geheim nog invloed uit en wordt uitgesloten van politieke of administratieve functies. In de romaanse landen acht men haar niet in staat te regeren en aan het hoofd van een leengoed of domein te staan. De Code Civil tenslotte, ontneemt de vrouw het recht over haar eigen goederen te beslissen.

Het is dus weer in de rechtsgeschiedenis dat men de feiten en hun betekenis moet zoeken. Daar moet men de oorzaak zoeken van de ondergang van de rol van de vrouw, van haar letterlijk verdwijnen van het toneel in de 19de eeuw. Haar invloed vermindert naargelang het Romeins recht opgang maakt, eerst in de rechtsstudies, daarna in de instellingen en tenslotte ook in de gewoonten van de mensen. De etappes van deze geleidelijke achteruitgang zijn zeer goed te volgen.

Filips de Goede nam de eerste beslissing om de vrouw van de troonsopvolging te weren. Hij was weliswaar volledig in de greep van de zuidelijke rechtsgeleerden die het Franse hof in de 14de eeuw letterlijk overspoelden. Het waren typische vertegenwoordigers van de stadsburgerij van de sterke handelssteden van het zuiden. Met werkelijk intellectuele gretigheid herontdekten zij het Romeinse recht. Deze uitspraak was gericht op de situatie van militairen, ambtenaren en handelaren en kende de eigenaar het *jus utendi et abutendi* toe, het recht op gebruik en misbruik. Dit was volledig tegengesteld aan het toenmalig gewoonterecht, maar speelde in het voordeel van de eigenaars van roerende goederen. Deze wet scheen hun terecht veel interessanter om goederen, handel en vervoer te verzekeren en te garanderen dan het heersende gewoonterecht. Het Romeinse recht dat in Italië, en vooral in Bologna, weer invloed krijgt, vormt de grote verleiding van de middeleeuwse periode. Het werd vol enthousiasme bestudeerd door de stadsburgerij, maar ook door allen die er een middel tot centralisering en gezag in zagen. Het Romeinse recht ondervindt inderdaad sterk de nawerking van zijn keizerlijke, en laten wij maar zeggen kolonialistische oorsprong. Het was het recht bij uitstek voor hen die het centrale staatsgezag wilden bevestigen. Het werd opgeëist, aangenomen en uitgebreid door de machten die toen centralisering nastreefden, eerst door de keizer en daarna door de pausen. In het midden van de 13de eeuw maakte keizer Frederik II, die werkelijk monarchistische neigingen had, er de gezamenlijke wet van alle Germaanse landen van. Aan de universiteit van Napels — door hem gesticht en de enige die zijn onderdanen mochten bezoeken — onderwees men het Romeinse recht ; de instellingen en gewoonten van de Germaanse landen werden door het Romeinse recht beheerst op een ogenblik dat de andere Westerse landen het nog niet erkenden [2]. Pas in de loop van de 17de eeuw zal het Romeinse recht aan de Parijse universiteit worden toegelaten, precies omdat het een keizerlijk recht is. Te Toulouse werd het wel veel vroeger onderwezen en onder invloed van de 16de eeuwse bewondering voor de oudheid was het de gewoonte en mentaliteit van het land toch al beginnen veranderen.

Het Romeinse recht was echter niet gunstig voor vrouwen en kinderen. Het is een eng monarchistisch recht. Het is het recht van de *pater familias*, vader, eigenaar en huispriester, die een heilige macht heeft over de familie en naar willekeur kan beslissen over zijn kinderen en zijn vrouw — hoewel deze laatste tijdens het late Keizerrijk wel enigszins werd beschermd.

Steunend op dit Romeinse recht zullen rechtsgeleerden als Dumoulin met hun verhandelingen en hun onderwijs de macht van de gecentraliseerde staat helpen uitbreiden en de vrijheid van de vrouw en haar mogelijkheden, vooral in het

(2) Paradoxaal genoeg worden de Germaanse landen dus door het Romeinse recht gevormd en een land als Frankrijk, tot spijt van hen die in de mythe van het „Romaanse ras" geloven, door gewoonten die niet „Germaans" maar eerder „Keltisch" te noemen zijn.

huwelijk, beperken. Zo zal in de 16de eeuw de meerderjarigheid van 12 jaar voor de meisjes en 14 voor de jongens, op 25 jaar worden gebracht, net als in Rome. Daar speelde dat echter nauwelijks een rol, want de vader had macht over zijn kinderen zolang hij leefde. Dit was een duidelijke achteruitgang tegenover het gewoonterecht dat aan de kinderen al zeer jong een werkelijke zelfstandigheid gaf zonder hen daarom de solidariteit van de familie te ontnemen. Hier had de vader het gezag van een beheerder, niet van een eigenaar. Hij had niet het recht zijn oudste zoon te onterven en in adellijke en niet-adellijke families werd de bestemming van de goederen volgens de gewoonte geregeld. Daaruit blijkt duidelijk dat de vrouw over haar eigen goederen bleef beschikken. Wanneer man en vrouw overleden zonder erfgenamen, gingen de goederen van de man naar zijn familie en die van de vrouw naar haar familie. Daarmee werd het gekende gezegde van het gewoonterecht *paterna paternis, materna maternis* toegepast.

In de 17de eeuw is die zienswijze al grondig veranderd. De kinderen zijn minderjarig en aan de vaderlijke macht onderworpen tot hun vijfentwintigste. Het eigendomsrecht lijkt meer en meer het monopolie van de vader te worden. De Code Napoleon gaf aan deze evolutie die begon op het einde van de middeleeuwen, een beslissende wending. Pas in de 17de eeuw moet de vrouw de naam van haar echtgenoot overnemen. Herinneren wij er ook aan dat pas na het concilie van Trente, in de tweede helft van de 16de eeuw dus, de toestemming van de ouders nodig is vóór kinderen mogen trouwen. Bovendien moet ook de Kerk het huwelijk goedkeuren. Aan het vroegere gezegde :

„Samen eten, drinken en slapen
dat is trouwen, dacht ik"

voegt men nu toe :

„maar ook de Kerk moet eraan te pas komen".

Men zal hier opmerken dat in de feodale tijd heel wat huwelijken volledig door de families werden geregeld : jongens en meisjes werden aan elkaar beloofd en waren verloofd van in de wieg. Daar zijn inderdaad voorbeelden van bij de vleet. Men heeft dit als argument aangevoerd om aan te tonen dat de vrouwen in die tijd niet vrij waren. Daar kan men gemakkelijk tegenover stellen dat jongens en meisjes hier op volkomen gelijke voet staan, want ook over het lot van de toekomstige echtgenoot wordt beslist. Merken wij bovendien op dat ook nu nog in twee derden van de wereld huwelijken door de families worden geregeld. In adellijke of koninklijke families maakten dergelijke beschikkingen deel uit van de lasten van een geboorte. Een huwelijk tussen twee erfgenamen van leengoederen of koninkrijken werd als de beste manier beschouwd om een vredesverdrag te bezegelen, wederzijdse vriendschap te verzekeren en om de toekomst veilig te stellen met voordelige erfenissen.

Eén macht is tegen die gedwongen huwelijken opgekomen, de Kerk. In het canoniek recht werden de redenen tot nietigheid uitgebreid, er werd op aangedrongen de vrijheid van de partners te respecteren en men was vaak erg soepel om in geval van een gedwongen huwelijk een scheiding in de praktijk te aanvaarden — veel meer dan later. Het toenemen van de vrije keuze van de echtgenoten gaat trouwens samen met de verspreiding van het christendom. Vandaag nog ziet men dat deze vrijheid in christelijke landen in de wet is opgenomen, terwijl dat in de mohammedaanse landen of de landen van het Verre Oosten niet of pas sinds kort het geval is [3].

Laten wij hier dan even stilstaan bij de slogan „de Kerk is de vrouw vijandig gezind". Het hele probleem kunnen wij

(3) „De mohammedaanse wet verbiedt de vrouw wat zij vandaag als haar rechten opeist en wat als een aanslag wordt beschouwd op de rechten die alleen aan de mannen werden toegekend". Zo drukte sjeik Hasanam Makhluf zich uit in 1952, onder de titel *Al Misri* (zie *la Documentation française,* nr. 2418, 31 mei 1952, blz. 4).

hier niet behandelen, want dat zou een boek apart vergen. Dwaasheden die in dat verband zijn verteld zullen wij ook niet bespreken. Zo verkondigde een schrijfster op zekere dag over de radio dat „de Kerk pas in de 15de eeuw toegaf dat ook de vrouw een ziel had". Zij had daarbij waarschijnlijk wel goede bedoelingen, maar was toch slecht geïnformeerd! Men zou op die manier eeuwenlang wezens zonder ziel tot doopsel, biecht en eucharistie hebben toegelaten! Waarom dan geen dieren? Vreemd genoeg zijn de eerste martelaren die als heiligen werden erkend vrouwen, en geen mannen: de H. Agnes, H. Cecilia, H. Agatha en zoveel anderen. Werkelijk jammer dat ook de H. Blandine en de H. Geneviève geen onsterfelijke ziel hadden. Het is ook verwonderlijk dat op één van de oudste katakombenschilderijen (op het kerkhof van Priscilla) precies de *H. Maagd met haar kind* staan afgebeeld, duidelijk geïdentificeerd door de ster en de profeet Jesaja. Wie moet men dan geloven, degenen die de middeleeuwse Kerk, terecht, de cultus van de H. Maagd verwijten, of zij die menen dat de Maagd toen als een wezen zonder ziel werd beschouwd?

Met dergelijke kletspraat houden wij ons dus niet bezig. Vermelden wij hier echter wel dat bepaalde vrouwen in de middeleeuwen (en zij kwamen werkelijk uit alle lagen van de bevolking, zoals wij dat vandaag zouden zeggen) in de Kerk en door hun functie in de Kerk buitengewoon veel macht hadden. Bepaalde abdissen waren feodale heren die evenzeer werden gerespecteerd als de andere heren. Enkelen onder hen droegen een staf als de bisschoppen en zij beheerden vaak uitgestrekte gebieden en dorpen, parochies... Eén voorbeeld maar : in de archieven kunnen wij de vorming van het klooster van Paraclet nagaan in het midden van de 12de eeuw, met Heloïse als overste. Onmiddellijk merkt men dat het leven van een abdis toen heel wat administratief werk inhield. De abdij kreeg heel wat giften, waarbij hier een tiende op een wijngaard werd bekomen, daar een deel van de hooi- of graanoogst, elders weer het gebruik van een schuur of het recht de veestapel te laten grazen in een bos... De abdis was bovendien ook beheerder of heer. Door hun religieuze functie hadden bepaalde vrouwen dus benijdenswaardig veel macht.

Over de toenmalige zusters werden nog geen ernstige studies gepubliceerd. Toch weten wij dat de meesten van hen erg ontwikkeld waren en met de geleerdste monniken uit die tijd hadden kunnen wedijveren. Héloïse kent en onderwijst Grieks en Hebreeuws. Uit de vrouwenabdij van Gandersheim is een manuscript uit de 10de eeuw bewaard met zes komedies in berijmd proza naar Terentius. Ze worden aan de beroemde abdis Hroswitha toegeschreven. Men weet trouwens dat zij invloed heeft uitgeoefend op de literaire ontwikkeling in de Germaanse landen. De komedies werden vermoedelijk door de zusters opgevoerd en worden in de theatergeschiedenis als het bewijs gezien dat er een schoolse traditie was die tot de ontwikkeling van het middeleeuwse toneel heeft bijgedragen. Voegen wij hier nog aan toe dat heel wat mannen- en vrouwenkloosters instonden voor het onderwijs aan de kinderen van de streek.

Het is ook wel verrassend dat de bekendste encyclopedie van de 12de eeuw het werk was van een kloosterzuster, Herrad van Landsberg, abdis van Hohenburg in de Elzas. Het is de bekende *Hortus deliciarum,* De Tuin der Lusten, waar de geleerden hun informatie over de techniek van die tijd uit putten. Hetzelfde kan gezegd worden van de werken van de beroemde Hildegard van Bingen. Een andere zuster uit de 13de eeuw, Gertrudis van Helfta, vertelt hoe blij zij was om van grammaticastudente tot theologiestudente te mogen promoveren : na een cyclus voorbereidende studies begon zij dus aan een hogere cyclus, net als aan de universiteit. Dat bewijst dat vrouwenkloosters in de 13de eeuw nog altijd geleken op het eerste te Bethlehem, dat door de H. Hiëronymus werd gesticht. Het waren oorden van gebed, maar ook centra van godsdienstwetenschap, exegese en geleerdheid. Naast de Schrift, die als de basis van alle kennis werd beschouwd, werden ook alle elementen van de religieuze en profane kennis bestudeerd. De zusters waren ontwikkelde meisjes. Het kloosterleven was trouwens de normale uitweg voor hen die hun kennis verder dan het gewone wilden ontwikkelen. Op dat punt was Héloïse in haar jeugd zo'n uitzonderlijke figuur. Zij was geen kloosterzuster en was dat blijkbaar ook niet van plan te worden, en toch studeerde zij heel hard, in plaats van zich met het frivole en zorgeloze leven tevreden te stellen van de meisjes die met hun tijd meegingen. Dat staat duidelijk te lezen in de brief die Petrus Venerabilis, de grote hervormer van Cluny, haar stuurde.

Andere feiten wekken nog meer verbazing. Om zich een juist beeld te vormen van de plaats die de vrouw in de feodale tijd bekleedde, moet men zich afvragen hoe men vandaag zou reageren als een vrouw een mannenklooster zou leiden. Zou zoiets een schijn van kans maken? In het begin van de 12de eeuw kon het blijkbaar wel, en zonder enige opspraak binnen de Kerk te veroorzaken. Robert d'Arbrissel, één van de grootste bekeerders aller tijden, was op een bepaald ogenblik door een ware menigte mannen en vrouwen omringd. Hij besloot te Fontevrault twee kloosters te stichten, één voor mannen en één voor vrouwen [4]. Tussen de twee in stond de kerk, de enige plaats waar paters en zusters elkaar konden ontmoeten. Dit dubbele klooster kreeg echter geen abt, maar een abdis aan het hoofd. De stichter wilde bovendien dat het een weduwe was, die dus ervaring had met het huwelijk. Voegen wij eraan toe dat de eerste abdis, Pétronille de Chemillé, slechts 22 jaar oud was. Zou men vandaag zoiets aandurven?

De feiten spreken voor zichzelf : in de feodale tijd bekleedde de vrouw binnen de Kerk ongetwijfeld een andere functie dan de man (getuigt dit trouwens niet van wijsheid, aangezien man en vrouw gelijk, maar verschillend zijn?) Het was

(4) Dubbele ordes kwamen toen veel voor in Spanje en in het Angelsaksisch gebied.

echter een voorname functie, wat overigens uitstekend wordt gesymboliseerd door de speciale plaats die de H. Maagd onder de andere heiligen toebedeeld kreeg. Het einde van die periode staat dan ook in het teken van een vrouw : Jeanne d'Arc. In latere eeuwen had een Jeanne d'Arc nooit datzelfde gehoor en vertrouwen kunnen vinden.

Eigenaardig is ook het feit dat helemaal op het einde van de 13de eeuw een strakkere houding wordt aangenomen tegenover de vrouw. De beslissing die paus Bonifacius VIII in 1298 nam om de zusters (de kartuizers en de cisterciënzers) volledig en streng slot op te leggen kan werkelijk symptomatisch genoemd worden. Sindsdien mocht de zuster zich niet meer in de buitenwereld vertonen. Begijnen, die een leven leidden als iedereen maar geloften hadden afgelegd, zal men na de 13de eeuw niet meer toelaten. Zo ziet men dat de zusters van de Visitatie-orde, die door hun stichteres waren voorbestemd om het dagelijkse leven van andere mensen te delen, in de 17de eeuw werden verplicht de regel van de karmelietessen aan te nemen. Sint-Vincentius-a-Paulo wilde de Zusters van Liefde diensten laten bewijzen aan de kleine man en hoedde er zich daarom voor hen als zusters te behandelen of de sluier te doen aannemen. Dan zouden zij immers met de zusters van de Visitatie-orde gelijkgesteld worden. Het was ondenkbaar geworden dat een vrouw zich aan God toewijdde zonder slotzuster te worden. De nieuwe mannenorden, zoals de Jezuïeten bijvoorbeeld, lieten hun leden wèl in de wereld leven.

De plaats die de vrouw in de Kerk bekleedde is volkomen vergelijkbaar met die in de maatschappij in haar geheel. Na de middeleeuwen werd haar geleidelijk alles ontnomen wat haar enige zelfstandigheid, onafhankelijkheid en opleiding bezorgde. In die periode beginnen de universiteiten — waar alleen mannen worden toegelaten — alle kennis en onderwijs naar zich toe te trekken. Kloosters verliezen dus geleidelijk hun functie als studiecentra. Centra van gebed zijn zij weldra ook niet meer.

De vrouw wordt dus zowel uit het kerkelijke als uit het intellectuele leven gesloten. Die ontwikkeling wordt nog versneld als, in het begin van de 16de eeuw, de koning beslissingsrecht krijgt over de benoeming van abten en abdissen. Het mooiste voorbeeld is Fontevrault, dat een toevluchtsoord wordt voor de vroegere maîtresses van de koning. Het leven dat men in die instelling leidt wordt hoe langer hoe minder voorbeeldig, want zo'n streng slot geeft al gauw aanleiding tot inbreuken. Enkele ordes zoals die van de Carmel of van Sint-Clara bewaren hun zuiverheid dank zij hervormingen. De meeste vrouwenkloosters echter waren tegen het einde van het Ancien Regime gastvrije huizen geworden waar de jongste kinderen uit de grote families heel wat bezoek ontvingen en waar kaart en andere „verboden spelen" werden gespeeld tot diep in de nacht.

Wij hadden het alleen over aanzienlijke dames, abdissen en kloosterzusters. De situatie van boerinnen, stadsvrouwen, huismoeders en buitenshuiswerkende vrouwen uiteenzetten zou verschillende boeken vergen. Het voorbereidende werk daartoe is bovendien nog niet gebeurd. Men zou de verzamelingen van gewoonterechten en stadsrechten na moeten kijken, maar ook de enorme massa notariële akten, kerkarchieven, gerechtelijke documenten en, in Frankrijk, de enquetes van de heilige Lodewijk. Daarin treft men duizenden kleine details aan, toevallig gegrepen uit het dagelijks leven, ongeordend. Hier krijgen wij een klacht van een kapster, daar van een zoutverkoopster, van een molenarin, een landbouwersweduwe, een kasteelvrouw, enz [5].

Uit dergelijke documenten kan men stukje per stukje, als bij een mozaïek, de wereldlijke geschiedenis reconstrueren. Onnodig te zeggen dat die nogal verschilt van de heldendich-

---

(5) Dit was een uniek gebeuren, waarbij de koning zijn eigen administratie bijhield en zich rechtstreeks tot zijn onderdanen richtte : mensen werden ter plaatse gezonden om de meningen van de gewone mensen op te tekenen, klachten over de ambtenaren van de koning te vernemen en fouten recht te zetten. Dé efficiënte manier dus om de fouten van de verstaatsing te verbeteren.

ten, ridderromans en andere literaire bronnen die men zo dikwijls tot basis voor de geschiedenis heeft genomen!

Meer dan eens komen wij voor verrassingen te staan, wanneer wij bijvoorbeeld zien dat vrouwen tegen mannen stemmen in stadsraden en op plattelandsbijeenkomsten. In lezingen pleeg ik dan het voorbeeld aan te halen van Gaillardine de Fréchon die als enige *nee* stemde toen aan de inwoners van Cauterets in de Pyreneeën een huurcontract werd aangeboden door de abdij van Saint-Savin. De stemmen van de vrouwen worden niet overal uitdrukkelijk vermeld, maar dat was misschien omdat men de noodzaak daarvan niet inzag. Uit teksten waaruit dat wél blijkt, komen wij te weten dat vrouwen op heel wat verschillende plaatsen stemgerechtigd waren. Dat wordt trouwens nooit als een plaatselijke eigenaardigheid voorgesteld! In stadsverordeningen wordt in het algemeen gestipuleerd dat de stemmen van alle inwoners komen, zonder dat nader te omschrijven. Soms wordt een leeftijd vermeld : in Aurillac bijvoorbeeld mocht men stemmen vanaf 20, in Aubrun vanaf 14. Voegen wij daaraan toe dat er meestal eerder per „haard", per gezin, dan per individu werd gestemd. De vertegenwoordiger van die „haard", het gezinshoofd dus, werd opgeroepen om de zijnen te vertegenwoordigen. De vader is dus het gezinshoofd, hoewel zijn gezag dat van een beheerder en administrator is, en niet van een eigenaar.

Uit notariële akten blijkt heel dikwijls dat getrouwde vrouwen eigenmachtig optraden. Zij openden bijvoorbeeld een winkel of zetten een handel op zonder dat zij daarbij de toestemming van hun man moesten voorleggen. Waar de registers voor de inning van de belasting bij de derde stand bewaard zijn gebleven, zoals bijvoorbeeld te Parijs die van het einde van de 18de eeuw, merkt men dat heel wat vrouwen een beroep uitoefenden : onderwijzeres, dokter, apotheker, stukadoor, verver, copiïst, miniaturist, boekbinder enz. .

Pas op het einde van de 16de eeuw, door een parlementair besluit van 1593, zal de vrouw uitdrukkelijk de toegang tot enig staatsambt worden ontzegd. Door de toenemende invloed van het Romeinse recht werd het actieterrein van de vrouw beperkt tot wat altijd al haar bevoorrechte gebied is geweest : de zorg voor het huishouden en de opvoeding van de kinderen. Door de Code Napoleon zal zelfs dat haar ontnomen worden, want dan kan zij niet langer haar eigen goederen beheren en speelt zij een ondergeschikte rol in het gezin. Van Montaigne tot Jean Jacques Rousseau zijn het trouwens allemaal mannen die over opvoedkunde schrijven. Het allereerste tractaat over opvoeding daarentegen dat in Frankrijk werd uitgegeven, was van de hand van een vrouw! Dhuoda schreef het voor haar zonen, rond 841-843, in Latijnse verzen [6].

Enkele jaren geleden was zowat overal het ouderlijk gezag aan de orde. Als historicus van de middeleeuwen stond je echter verstomd als je bepaalde discussies hoorde. Het idee dat er een wet nodig was om de vrouw inspraak te geven in de opvoeding van haar kinderen, zou in de feodale tijd paradoxaal geleken hebben. De echtelijke gemeenschap, de vader en de moeder dus, namen samen de taak op zich de kinderen op te voeden, te beschermen en eventueel hun goederen te beheren. De familie was toen wel ruimer op te vatten ; de opvoeding bood minder problemen, want ze verliep binnen een levend netwerk, binnen de familiegemeenschap. Die was uitgebreider en verscheidener dan nu. Behalve de elementaire cel vader-moeder-kind omvatte ze immers ook grootouders, verwanten in de zijlinie en huispersoneel. Dat belette niet dat het kind eventueel een eigen rechtspersoonlijkheid had. Als het persoonlijk erfde (van een oom bijvoorbeeld) werden die goederen door de familiegemeenschap beheerd, maar die moest aan het kind rekenschap afleggen.

Er zijn veel dergelijke details uit de rechts- en gewoontegeschiedenis aan te halen. Allemaal wijzen zij op een degradatie van de vrouw in vergelijking met de feodale tijd en op

(6) P. Riché, *Dhuoda. Manuel pour mon fils,* Parijs, Cerf, 1975.

de triomf van een „Romeinse" wetgeving, die een stempel heeft gedrukt op onze wetgeving. De moralisten wilden op een bepaald ogenblik de vrouw weer „aan de haard". Hadden zij niet veel beter het voorstel omgedraaid en de haard weer opgeëist voor de vrouw?

Pas vandaag komt er enige reactie, maar die is eerder ontgoochelend. De vrouw is uiterst voldaan omdat zij in de mannenwereld is doorgedrongen, maar lijkt nu net niet in staat die extra-verbeeldingskracht op te brengen om haar eigen stempel te drukken op de wereld — en dat precies ontbreekt in onze maatschappij. Voor haar volstaat het de man na te bootsen, bekwaam geacht te worden dezelfde beroepen uit te oefenen, zijn gedrag en zelfs zijn kledij over te nemen. Het komt niet eens bij haar op bepaalde aspecten daarvan aan te vechten. Heeft een onbewuste en misschien wel overdreven bewondering van de mannenwereld haar dan stom gemaakt? Zij acht die mannenwereld noodzakelijk en beschouwt ze als een model dat zij zo getrouw mogelijk na moet bootsen. Soms heeft zij daar zelfs haar persoonlijkheid voor over.

Hiermee zijn wij natuurlijk ver van de feodale wereld beland. Eén wens misschien : dat zij die te goeder trouw beweren dat de vrouw „eindelijk de middeleeuwen verlaat", die feodale tijd beter mogen leren kennen. Hun eigen situatie is immers lang niet zo gunstig als die van de vrouw in de tijd van koningin Aliénor of van koningin Blanche...

HOOFDSTUK 7

DE VERMANENDE VINGER

Toen ik in het Nationaal Archief een tentoonstelling over de eeuw van de heilige Lodewijk aan het voorbereiden was, gaf ik aan een assistente, overigens zeer onderlegd, de beroemde passage uit de *Thesaurus* van Brunetto Latini uit de 13de eeuw, waarin hij zijn lezers uitlegt dat de aarde rond is.

„Vreemd," zei ze me erg verbaasd, „ik dacht dat Galileï in de middeleeuwen levend werd verbrand om dat te beweren?"

Ik legde haar uit dat zij hier drie historische fouten maakte. Het was niet Galileï die ontdekte dat de wereld rond is, dat wist men al meer dan drie eeuwen voor hem. Verder werd hij niet levend verbrand, maar alleen gevangen gezet — wat toch al een weinig hoofse behandeling was voor de man die als eerste op de idee kwam dat de aarde rond de zon draait. Tenslotte speelde zich dit alles niet af tijdens de middeleeuwen. Om haar te overtuigen heb ik naar de twintigdelige Larousse moeten grijpen. Uiterst verbaasd moest zij toegeven dat „de zaak Galileï" die iedereen in de middeleeuwen plaatst, zich in werkelijkheid in de klassieke periode afspeelt, in 1633 namelijk. Galileï, geboren in 1564 en gestorven in 1642, was een tijdgenoot van Descartes. Hij was 32 jaar ouder, maar is slechts 17 jaar voor hem gestorven. De zaak Galileï speelde zich dus honderd jaar na de geboorte van Montaigne (1533) af, meer dan honderd jaar na de Hervorming (1520), bijna tweehonderd jaar na de uitvinding van de boekdrukkunst en tenslotte meer dan een halve eeuw na het concilie van Trente (1547-1563), dat men terecht als de scheiding tussen de middeleeuwse Kerk en de Kerk van de klassieke tijd beschouwt.

Voegen wij daar aan toe dat de zaak Galileï typisch is voor de classicistische opvattingen inzake exegese [1].

(1) In de middeleeuwen was het volgens de heersende methode van teksten analyseren ook mogelijk de Bijbel anders dan letterlijk te interpreteren.

In de 17de eeuw hebben de commentatoren de neiging zich tot de letterlijke betekenis te beperken, net zoals sommige exegeten vandaag alleen oog hebben voor het historische en de Schrift tot toevallige gegevens herleiden. Wat men in de tijd van Bernardus van Clairvaux deed, doen dergelijke schriftgeleerden niet : zij erkennen niet meer dat eenzelfde tekst verschillende betekenissen kan hebben, die voor de gelovige allemaal even waardevol zijn.

De zaak Galileï is een aanslag op het gezond verstand en op de wetenschappelijke geest. Men maakt er echter al te gemakkelijk ook een aanslag op de geschiedenis van, want dikwijls wordt het gebeuren niet gesitueerd in de tijd waarin het zich werkelijk afspeelde, namelijk in de eerste helft van de 17de eeuw.

Het voordeel van de geschiedenis is echter dat data alleen al volstaan om tegen veralgemeningen, theorieën en wetten op te komen. Data zijn cijfers en dus een taal die, in deze tijd van spraakverwarring, voor iedereen toegankelijk blijft. Simpele geesten zowel als mensen die door verschillende ideologische, politieke, filosofische of socioculturele misvormingen werden getekend, iedereen kan ze begrijpen. De datum van Galileï's veroordeling is dus even onweerlegbaar als die van de eerste stappen op de maan en even zeker als de planeetomwentelingen die precies door Galileï werden ontdekt.

Het Galileï-proces verliep ten tijde van de hoogdagen (als men die zo mag noemen!) van de heksenprocessen. Tovenaars en heksen en vooral verhalen daarover zijn er altijd geweest. De oudste vermelding van processen gaat echter slechts terug tot de 14de eeuw, in de streek van Toulouse. In de tweede helft van de 15de eeuw komen dergelijke processen erg veel voor. De interesse voor hekserij neemt gevoelig toe in de 16de eeuw. Gewichtige figuren als Jean Bodin,

Vooral sinds P. Henri de Lubac's studie *Exégèse médiévale* (Parijs, Aubier, 1959-1962, vier kwarto-delen) kent men de lezing „in vier betekenissen", waarbij eenzelfde tekst op verschillende vlakken geanalyseerd wordt : historisch, allegorisch, moreel, enzovoort.

advokaat en procureur des konings, of Nicholas Rémy, rechter en procureur-generaal van Lorraine, schrijven boeken zoals respectievelijk *Démonomanie* en *Demonolâtrie.* De laatste auteur paarde trouwens de theorie aan de praktijk, want als rechter zou hij zo'n 3000 heksen en tovenaars naar de brandstapel hebben gestuurd. Tijdens de 17de eeuw — de eeuw van de Rede — neemt het aantal heksenprocessen ongelooflijk snel toe. Bijna alle streken kenden hun belangrijke processen [2].

Alle landen van Europa, protestantse zowel als katholieke, werden door het verschijnsel overspoeld. In Engeland grepen de eerste terechtstellingen plaats in de 16de eeuw onder Elizabeth I, maar ook Duitsland, Zweden, de Verenigde Staten, België en Nederland werden getroffen. In de Nederlanden zijn er echter nooit ware heksenjachten geweest zoals in Frankrijk en Duitsland. Na 1596 werden er in de noordelijke Nederlanden waarschijnlijk geen heksen meer verbrand. Pas in de eerste helft van de 17de eeuw tekende zich een reactie af, met name in de werken van enkele jezuïeten. Zo beïnvloedde het werk van Friedrich Spee *Cautio criminalis* uit 1633 (het jaar van het Galileï-proces) de rechters van de streek van Mainz en Würzburg. In 1637 maande paus Urbanus VIII op zijn beurt aan tot omzichtigheid bij het vervolgen van heksen en tovenaars. Dat belet niet dat pas in 1784 de laatste heks werd terechtgesteld te Glarus (Zwitserland). Mensen die obscurantisme zomaar als middeleeuws bestempelen, zouden al deze feiten moeten kennen en in aanmerking nemen.

Dat buitensporig geloof contrasteert fel met de feodale mentaliteit, die wij mooi verwoord terugvinden bij Jean de Salisbury, bisschop van Chartres in de 12de eeuw. Hij spreekt inderdaad over de hekserij en hij lijkt wel een modern psychiater in zijn benadering van het probleem : „Het beste

(2) Zie de samenvatting van Jean Palou *La Sorcellerie,* in de reeks „Que sais-je ?", nr. 756, 1975, 5e druk, vooral blz. 72.

middel tegen deze ziekte is streng aan het geloof vast te houden, niet naar die leugens te luisteren en geen aandacht te schenken aan dergelijke erbarmelijke gekheden".

In de Westerse landen maakt het respect voor de godsdienstige overtuiging deel uit van de menselijke vrijheden en staat het ingeschreven in verschillende verklaringen van de rechten van de mens. Dat is echter een verworvenheid van de Moderne Tijden. Denken wij inderdaad maar aan Lodewijk XIV die opdracht gaf de protestanten te vervolgen, aan de diverse manieren waarop de Britse kolonisten de katholieke Ieren verdrukten, of in Engeland zelf aan de plagerijen waaraan katholieken blootstonden. Tot 1850 mochten zij de universiteit niet betreden!

Proberen wij ons eens in de mentaliteit van de feodale tijd te verplaatsen. Werelds en religieus zijn zeer nauw met elkaar verbonden. Afwijkingen in de doctrine hebben dan ook voor het dagelijkse leven enorm veel belang. Een bekend voorbeeld is dat van de Katharen, die geen waarde hechtten aan de eed. Dat raakte echter de essentie van het feodale leven, dat precies bestond in contracten van man tot man en dus juist op de waarde van de eed gebaseerd was. Vandaar die algemene afkeuring van de ketterij, want hierdoor wordt een diepgaande overeenkomst geschonden, die door de hele maatschappij wordt gerespecteerd. Zo valt te begrijpen dat geestelijke afwijkingen veel ernstiger waren dan materiële ongelukken.

Terecht of ten onrechte was de verdediging van het geloof voor die maatschappij even belangrijk als het bewaren van de fysieke gezondheid vandaag. De inquisitie was het verdedigingsmechanisme. We hebben hier te maken met verschillende criteria en waardeschalen naargelang de periode. Een historicus moet daar absoluut rekening mee houden of eerbied voor hebben. Anders wordt hij rechter in plaats van historicus.

Dat belet niet dat wij de Inquisitie het schokkendste element uit heel de middeleeuwse geschiedenis vinden [3]. De studie van dat verschijnsel vergt een hele bibliotheek. Er werd echter ook wel een hele bibliotheek over samengeschreven, maar die is niet tot het grote publiek doorgedrongen.

De term *Inquisitie* betekent onderzoek. Zo verklaart Abélard in de 12de eeuw dat het leven van de vorser, de logicus, zich in „voortdurende inquisitie" afspeelt. Zijn bewering had niets met ketterij en de repressie daarvan te maken. Het woord begint een juridische betekenis te krijgen wanneer in 1184 paus Lucius III te Verona de bisschoppen ertoe aanzet de ketters in hun bisdom werkelijk op te sporen teneinde een juist beeld te krijgen van de omvang van het kwaad. Daarmee bevestigde hij alleen maar een recht dat de bisschoppen vanouds al hadden. Zij konden ketters de sacramenten ontzeggen en konden ze ook verbannen. De ketterij tierde toen welig, vooral in Zuid-Frankrijk en Italië. De zogenaamde *katharoi* of zuiveren vormden de talrijkste groep. Hun leer berustte op een absoluut dualisme. Al het materiële was het werk van een slechte god en alleen de ziel werd door een goede god geschapen. Alles wat met de voortplanting te maken had was dus uit den boze, en dan vooral het huwelijk. De zuiverste aanhangers beschouwden de zelfmoord als de hoogste volmaaktheid [4]. Wat wij in de hedendaagse sekten te zien krijgen, speelde zich ook toen af : vrij vlug ontstonden er verschillende richtingen. Het Katharendom zoals het zich in Lombardije, in de Provence en de Languedoc had verspreid, was een godsdienst op twee niveaus. Enerzijds waren er de *perfecti,* de „volmaakten", die zich streng aan de leer hielden : absolute kuisheid, verbod om oorlog te voeren en

(3) In sommige handboeken stapt men zomaar over van de gedwongen bekering van de Saksen, toen ze door Karel de Grote waren veroverd naar de instelling van de Inquisitie. Dat daar bijna een half millennium tussen ligt (minstens 450 jaar) stoort de samenstellers niet, want in hun ogen vormen de middeleeuwen nu eenmaal een uniform blok.

(4) De meeste theoretische geschriften van de Katharen werden door de 13de-eeuwse Inquisitie vernietigd. Het belangrijkste overblijvende werk is een polemisch traktaat *Liber de duobus principiis* door een leerling van Jean de Lugio, die zich had afgescheiden van de sekte van Desenzano in Italië, en tijdens de 13de eeuw heel invloedrijk was.

eden af te leggen, strenge vasten. De gewone gelovigen of *credentes* daarentegen leefden ongeveer zoals ze wilden. Hun zieleheil was afhankelijk van de absolutie, het *consolamentum,* die een „volmaakte" hen moest geven voor hun dood.

Eigenaardig genoeg is de graaf van Toulouse, Raymond V, de eerste die eraan denkt de ketters waar zijn domein van uitpuilt, militair te gaan bestrijden. In een brief aan de abt van Cîteaux geeft hij een somber beeld van de situatie: „De rottende plaag van de ketterij heeft zo'n omvang genomen dat wie eraan meedoet denkt daarmee God te eren... zelfs wie zich aan het priesterschap heeft toegewijd wordt door de pest van de ketterij besmet. De kerken, vanouds heilige en eerbiedwaardige plaatsen, liggen er onverzorgd bij en vervallen tot ruïnes. Men loochent het doopsel, verafschuwt de eucharistie, misprijst de biecht, verwerpt de schepping van de mens en de verrijzenis van het vlees en schaft alle kerkelijke sacramenten af. Het is pijnlijk dit te moeten zeggen, maar men gaat zover twee principes in te voeren". Net als alle andere ketterijen ontkent ook het Katharendom de menswording, maar men gaat zo ver de afschuw voor het kruis te verkondigen.

Raymond VI bekeek de ketters echter heel anders dan zijn vader; velen beweerden zelfs dat hij ze bevoordeelde. Wanneer de paus in 1208 een gezant stuurt, wordt die onder bedreigingen teruggestuurd en twee dagen later vermoord. Van toen af riep paus Innocentius III alle barons op om een kruistocht te ondernemen tegen de graaf van Toulouse en de andere ketters uit het zuiden.

Tot op het ogenblik dat hun de oorlog werd verklaard, leefden de ketters, volmaakten en gewone gelovigen, absoluut niet clandestien. Zij trokken vrij rond, en predikten. Er werden ook openlijke ontmoetingen belegd met mensen die hen tot het ware geloof wilden terugbrengen. Vooral de bedelbroeders van Dominicus Guzman hielden zich met het prediken van de ware leer bezig en leefden in strikte armoede. In 1215 werden dat de dominicanermonniken. Die bijeenkomsten met de ketters, de beroemde openbare discussies als die van Fanjeaux — in het hartje van het Albigenzische zuiden — bewijzen dat de ketters absoluut niet het gevoel hadden zich te moeten verbergen. Hier en daar had het bisdom wel opdracht gegeven tot een onderzoek, maar vooral in de Languedoc werden zij afdoende beschermd door de heren. Met de oorlogsverklaring verandert natuurlijk alles. Wanneer een twintig jaar later, in 1231, de pauselijke Inquisitie wordt ingesteld, zijn de veranderingen nog ingrijpender.

Paus Gregorius IX nam het initiatief, en niet de heilige Dominicus zoals men dwaasweg heeft beweerd [5]; hij was trouwens al tien jaar overleden toen Gregorius IX besliste tot de oprichting van een speciale kerkelijke rechtbank voor de opsporing en berechting van ketters.

Het waren echter wel de zeer populaire predikheren die met de Inquisitie werden belast. In 1233 kwam daar nog de belangrijkste van de andere bedelordes bij, de franciskanen. De minderbroeders traden vooral in Italië op, maar ook wel in Frankrijk.

In het zuiden woedde de Inquisitie soms heel hevig, zoals te Carcassone tussen 1237 en 1244. Guillaume de Puylaurens, wiens gegevens normaal betrouwbaar zijn, vermeldt dat er in 1244 te Montségur tweehonderd ketters werden verbrand. Zij hadden de inquisiteurs van Avignonnet vermoord en zich daarna in het kasteel verschanst. Over deze „brandstapel van Montségur" heerst heel wat onzekerheid. Er werd al heel wat over geschreven, en vooral na het werk van Yves Dossat is er voor historici niet veel meer te beginnen [6].

Niet alleen de zuiderlingen hadden in de 13de eeuw met de Inquisitie af te rekenen. De meest dramatische processen

---

(5) De H. Dominicus had de Languedoc al in 1216 verlaten. Hij zou zich met de organisatie van die succesvolle orde niet verder inlaten. Vrij vlug ging de orde ook missionarissen uitsturen : vanaf 1249 werd Finland door deze predikbroeders (men zou ze later dominicanen noemen naar hun stichter) bekeerd.

(6) Zie het nr. 6 van de *Cahiers de Fanjeaux, le Credo, la Morale et l'Inquisition* (Toulouse, Privat, 1966-75), vooral blz. 361-378.

met de meeste slachtoffers, grepen plaats in Bourgondië, Champagne en Noord-Frankrijk, het actieterrein van de veelbesproken Robert le Bougre. Tot in Vlaanderen toe was hij berucht. Hij was een bekeerde ketter en zo kwam hij aan zijn naam [7], want eigenlijk heette hij Robert le Petit. Na zijn bekering werd hij dominicaan en in 1233 werd hij tot inquisiteur te Charité-sur-Loire gepromoveerd. Onmiddellijk gaf hij opdracht tot executies. Verschillende bisschoppen, onder wie die van Reims, Sens en Bourges, tekenden protest aan. In 1234 ontneemt de paus hem zijn macht, maar het jaar daarop krijgt hij ze terug. Onmiddellijk herneemt hij zijn verschrikkelijke bezigheid. Na een kolossale razzia op de jaarmarkt van Provins in 1239 bijvoorbeeld [8], richtte hij te Mont-Aimé (Champagne) een verschrikkelijke brandstapel aan. Een ooggetuige, Aubri de Trois-Fontaines, sprak van 183 slachtoffers. Daarna, en zeker vanaf 1241, werd Robert le Bougre uit zijn functies ontzet. Wellicht werd hij tot levenslange opsluiting veroordeeld, maar daarover heeft men geen zekerheid.

Hoewel de dominicanen al vanaf 1235 als pauselijke inquisiteurs naar Groningen en later ook naar Holland en Zeeland werden gestuurd, waren er tot aan de Reformatie maar weinig processen. Na 1520 zou dat veranderen, ondermeer met de benoeming van Frans van der Hulst tot algemeen pauselijk inquisiteur. De beruchtste inquisiteur van Vlaanderen en Artois was Pieter Titelmans (1545-1560). Het hoogtepunt van de geloofsvervolgingen, maar tegelijk ook van de opstand tegen Spanje, was de installatie door Alva van de Raad van Beroerten („Bloedraad" genoemd door de bevolking) in 1567. De meeste slachtoffers van de Inquisitie in

(7) Bougre is een vervorming van Bulgaar. Hoewel het nog niet met zekerheid is bewezen, houdt men het voor mogelijk dat het Katharendom voortkwam uit de Bogomilische sekten in Bulgarije. Daar zou de manicheïstische, dualistische leer verspreiding gevonden hebben (de zichtbare schepping is het werk van een slechte god, de geesten van een goede).

(8) De Katharen vonden vooral aanhangers bij de kooplui. Men beschuldigde hen, overigens niet zonder reden, van woeker, van lenen tegen intrest dus. Woekeraars en bankiers werden allebei *lombards* genoemd.

de Nederlanden waren wederdopers. Met de Spanjaarden verdween ook de Inquisitie.

Het heeft geen zin hier uit te weiden over de overdrijvingen die we in de werken van fantasievolle maar weinig scrupuleuze auteurs aantreffen. De meest toegepaste straffen waren de opsluiting (werkelijke gevangenis of huisarrest), en nog vaker de veroordeling tot pelgrimstochten of het dragen van een stoffen kruis op de kleren. Uit de registers die bewaard zijn gebleven, zoals bijvoorbeeld te Toulouse tussen 1245 en 1246, blijkt dat in ongeveer één op de negen gevallen gevangenisstraffen werden uitgesproken, in één op de vijftien gevallen de brandstapel. De anderen werden vrijgelaten of tot lichtere straffen veroordeeld.

Daar gaat het trouwens niet om. Vanaf de 18de eeuw wordt de Inquisitie algemeen afgekeurd : aan deze evolutie kan geen historicus voorbij, want ze gaat in tegen het principe van vonnissen die in naam van het geloof worden uitgesproken. Het geloof lijkt ons immers per definitie aan elke druk, aan elk uitwendig en juridisch dwangbevel te ontsnappen.

Voor de gelovigen — en dat was het grootste deel van de middeleeuwse bevolking — was het normaal dat de Kerk rechtsbevoegdheid had. Wie gedoopt was, erkende dat recht, want de Kerk was behoedster van het geloof. Zo aanvaardde iedereen straffen als excommunicatie of interdict. Gelovigen die zich niet hielden aan de regels die de Kerk als gemeenschap had opgesteld, werd de communie ontzegd. Zij werden „buitenspel" gezet, net als in andere genootschappen, clubs, partijen of verenigingen in het algemeen : wie beweert tot de vereniging te behoren en vals speelt of verraad pleegt, wordt uitgesloten. Het interdict lag in dezelfde lijn. Een volledig gebied of een hele stad werd geëxcommuniceerd om de verantwoordelijke (de heer, de koning, de abt) tot gehoorzaamheid te dwingen. Dit was het efficiëntste middel om de schuldige te bekeren, want alle religieuze plechtigheden in het gebied werden verboden, de klokken zwegen, er werden geen diensten gehouden voor huwelijken, begrafenissen enzovoort.

Dat maakte het leven van de bevolking werkelijk ondraaglijk.

De strijd tegen de ketters en de instelling van de Inquisitie betekenden een breuk met deze kerkelijke straffen, want men nam zijn toevlucht tot het geweld, tot de tijdelijke, „wereldlijke" macht. Dat was ongewoon voor de Kerk, en de canonisten van de 14de en 15de eeuw zullen zich inspannen om een juridische grond te vinden voor deze nieuwe tendens, die in de 16de eeuw erge vormen zal aannemen. De bewuste maatregelen gingen uit van de zogenaamde „grote pausen van de middeleeuwen", Innocentius III en Gregorius IX. Merken wij op dat beiden verzot waren op het Romeinse Recht. De heropleving van dat recht en de studie ervan, met name aan de universiteit van Bologna, zal geleidelijk het kerkelijk recht doordringen. Die invloed was weliswaar minder groot dan in de burgerlijke maatschappij even later, vanaf de 17de eeuw, maar toch erg diepgaand. De specialisten van het kerkelijk recht gingen meer en meer autoritair denken en evolueerden naar het uitoefenen van een centraal gezag [9].

Hoewel het evangelie op het gebied van de scheiding der machten niet de minste twijfel laat bestaan, toch deden Innocentius III en Gregorius IX een beroep op het tijdelijke om het geestelijke te bewaren. Zij kozen dus de gemakkelijkste oplossing en nooit in de geschiedenis heeft die „gemakkelijkste oplossing" zich duidelijker laten kennen. Zij opende namelijk de deur voor nieuwe, schrikwekkende problemen.

Die pausen konden natuurlijk de gevolgen van hun beslissingen niet overzien. Zij waren ingegeven door ongeduld en zoeken naar onmiddellijke doeltreffendheid, helemaal tegengesteld aan de geest van de Schrift. Indirect speelde hier echter ook de invloed mee van het Romeinse recht ; dat bracht immers onvermijdelijk een autoritair optreden met zich mee.

---

(9) Het Romeinse recht zoals het gestalte kreeg in het Oostromeinse Rijk, met het prestige dat de persoonlijkheid van Justinianus eraan verleende, ging uit van één gecentraliseerde macht. De mensen waren dan ook geneigd ook zo'n gezag uit te oefenen, op wereldlijk zowel als op geestelijk vlak.

Beide pausen waren sterke persoonlijkheden, maar hun geloofsijver was daarom niet minder eerlijk. Innocentius III slaagde erin de werkelijke geloofsovertuiging van een Dominicus Guzman en een Franciscus van Assisië te onderscheiden van de ontelbare en uiteenlopende bewegingen van die tijd. Allemaal wilden zij de Kerk, die daar overigens dringend behoefte aan had, naar de bijbelse armoede terugvoeren. Anderzijds overdrijven wij niet als wij Gregorius IX de voorvechter van de vrijheid van denken noemen. In 1231 werd niet alleen de Inquisitie ingesteld, maar ook de bul *Parens scientiarum* uitgevaardigd. Daarin worden de privileges van de Parijse universiteit opgenoemd en bekrachtigd en wordt zij onafhankelijk verklaard van de koning en de bisschoppen en hun kanseliers. De paus omschrijft en erkent dus het vrije filosofische en wetenschappelijke onderzoek. Zo maakt hij een einde aan de moeilijkheden en stakingen van de jongste twee jaar, waarbij studenten en professoren tegen Blanche de Castille en haar jonge zoon Lodewijk IX stonden. Deze laatsten werden dus zonder meer verplicht de privileges in ere te herstellen, waardoor de universiteitsbewoners aan de rechtspraak van de koning werden onttrokken.

Ziedaar een voorbeeld van de dubbelzinnigheid van de geschiedenis : de „goeden" van de „slechten" scheiden is niet zo gemakkelijk als men soms denkt.

De instelling van de Inquisitie bood ook voordelen voor het dagelijkse leven. In plaats van de beschuldiging kwam nu de procedure van het onderzoek. Bovendien, en dat is het belangrijkste, ontstond nu een geregelde rechtspraak. Dat was wel nodig, want de grote massa moest niets hebben van de ketters. Vóór de Inquisitie kregen ketters door burgerlijke rechters of gewoon door de woedende volksmassa de ergste straffen opgelegd. Koning Robrecht de Vrome bijvoorbeeld liet in 1022 te Orléans 14 ketters, geestelijken en burgers, levend verbranden. De bisschoppen moesten regelmatig optreden om zogenaamde ketters tegen de woede en het geweld van het volk te beschermen. Pierre Abélard was daar zelf het slachtoffer van: in 1121 werd hij te Soissons door de verontwaardigde massa op een stenenregen onthaald. Een paar jaar daarvoor hadden een paar oproerkraaiers enkele ketters, die door de bisschop van Soissons gevangen waren gezet, uit de gevangenis gehaald en naar de brandstapel geleid. De bisschop verweten zij zijn „priesterlijke weekheid". Zo werden regelmatig gewelddaden gepleegd. Onder de regering van Philippe Auguste werden in 1200 te Troyes acht Katharen verbrand en in 1209 moeten enkele volgelingen van Amaury de Bène hetzelfde lot ondergaan. In Saint-Gilles-du-Gard, in het Zuiden, verbrandde de ketter Pierre de Bruys in het openbaar een kruisbeeld en de woedende massa leidde hem zelf naar de brandstapel.

Geregelde rechtbanken zouden er dus op een bepaald moment wel gekomen zijn. De uitzonderlijke strengheid van deze rechtbanken is echter te wijten aan de heropleving van het Romeinse recht. Volgens Justinianus moest een ketter inderdaad ter dood gebracht worden. Daarom vaardigde Frederik II, keizer van Duitsland geworden, in 1224 nieuwe verordeningen uit. Daarin werd voor het eerst uitdrukkelijk bepaald dat volgehouden ketterij met de brandstapel werd bestraft. Het hatelijkste aspect van de Inquisitie vloeit dus voort uit de beschikkingen van een keizer die men als het prototype van een „verlichte monarch" heeft bestempeld. Hij was overigens zelf een scepticus en werd kort daarna geëxcommuniceerd.

Door de vuurdood in te voeren en door te bepalen dat hardnekkige ketters [10] aan de wereldlijke macht werden uitgeleverd, bevestigde de paus de keizerlijke wetgeving en erkende hij openlijk de rechten van de tijdelijke macht bij de bestrijding van de ketterij. Onder invloed van de keizerlijke wetgeving zou in het midden van de 13de eeuw ook het

(10) Hardnekkige ketters hadden hun ketterij al eens afgezworen, maar waren hervallen. Alleen zij mochten „aan de wereldlijke macht worden uitgeleverd", een eufemisme om te zeggen dat het tijdelijke gezag hen op de brandstapel mocht brengen.

folteren officieel worden toegestaan, zodra er enig bewijs van ketterij was.

Het hele wettelijke apparaat ter bestrijding van de ketterij zou echter al gauw door die tijdelijke macht worden gebruikt tegen de geestelijke macht van de paus. Onder Filips de Schone worden beschuldigingen geuit tegen Bonifacius VII, Bernard Saisset, de Tempeliers en Guichard de Troyes. Telkens wordt daarbij gesteund op het recht van de koning om ketters te vervolgen. De verwarring tussen het geestelijke en het wereldlijke speelt meer dan ooit in het voordeel van het wereldlijke. De uiteindelijke gevolgen hoeven wij hier niet in herinnering te brengen. In de 16de eeuw was de Inquisitie volledig in handen van koningen en keizers, en het aantal slachtoffers is niet meer te vergelijken met de 13de eeuw. In Spanje keerde de Inquisitie zich zelfs tegen de Joden en de Moren, wat volledig van de oorspronkelijke bedoeling afweek. De Inquisitie was inderdaad voor zogenaamd inwendig gebruik bestemd : zij moest leden van de Kerk die zich tegen haar keerden, opsporen. Zo verbood de Spaanse koning Ferdinand III in de 13de eeuw de oprichting van de Inquisitie : er waren geen ketters in zijn koninkrijk en hij noemde zichzelf de „koning van drie godsdiensten" (christelijke, joodse en mohammedaanse). Dat getuigt in elk geval van een volkomen andere mentaliteit dan ten tijde van Karel V en Filips II!

Wanneer wij spreken over de vermenging van het geestelijke en het wereldlijke, moeten wij zeker data en periodes in acht nemen. Priesters en prelaten werd in de 12de eeuw de opbrengst van een stuk grond toegezegd, maar dat was gewoon om in hun levensonderhoud te voorzien, want de grond was toen de enige bron van rijkdom. Het pauselijk domein dient enkel om de bisschop van Rome en zijn kardinalen-raadgevers te onderhouden. In de loop van de 13de eeuw, door de groeiende invloed van het Romeinse recht en vooral naar aanleiding van conflicten met de keizer, wordt de paus een staatshoofd. Deze ontwikkeling zette zich verder door, althans toch in de opvattingen van de pausen. Bonifacius VIII voegde een derde kroon toe aan zijn tiara, precies als symbool van zijn wereldlijke macht. Men weet dat de pauselijke tiara pas in de loop van de 13de eeuw opduikt, eerst met één en later met twee kronen. Net zoals de twee sleutels staan die voor de dubbele macht van elke bisschop : orde en rechtspraak.

Wie zich voorstelt dat de Kerk in de periode die daaraan vooraf ging (zeven en een halve eeuw van de tien eeuwen die de middeleeuwen beslaan) een homogeen geheel was, met absolute macht in handen van de paus, wordt door de feiten volledig tegengesproken. In de 12de en 13de eeuw (tweehonderd jaar dus) moesten de pausen 122 jaar als bannelingen en vogelvrijverklaarden buiten Rome verblijven. Die stad werd immers door partijtwisten en revoluties verscheurd.

Naar aanleiding van het concilie van Clermont krijgen wij een goed beeld van de werkelijke macht van de pausen in de feodale tijd. Urbanus II roept er in 1095 op tot de eerste kruistocht [11], tot het heroveren van de heilige plaatsen die door de Turken waren ingenomen. Zelf is hij op dat moment een zwerver, weggejaagd uit Rome. Bij de opening van het concilie excommuniceert hij de koning van Frankrijk, op wiens grondgebied hij zich bevindt : een negeren van de meest elementaire diplomatie. Hij heeft geen macht over zijn eigen grondgebied en toch ontketent hij een beweging die het christendom zal toelaten haar „erfgoed" en bedevaartsoord bij uitstek te heroveren.

Bonifacius VIII zou heel andere zorgen hebben. Net zoals Filips de Schone was hij doordrongen van autoritaire macht en zou hij zich als een wereldlijk staatshoofd gaan gedragen. Dan neemt de algehele verwarring van geestelijke en wereldlijke macht een aanvang. Dank zij de Gregoriaanse hervorming hadden de pausen zich uit de greep van de keizer

(11) De term „kruistocht" werd toen nooit gebruikt, men sprak van pelgrimstocht, tocht of reis overzee.

kunnen losmaken, maar nu zaten zij — bijna een eeuw lang — onder de plak van de koning van Frankrijk. Slechts een schisma van bijna een halve eeuw zou daar een einde aan maken. Het Concordaat van Bologna (1516) is inderdaad het toppunt van de vermenging van de machten : de Franse koning, de wereldlijke macht dus, besliste over alle benoemingen van abten en bisschoppen. Vandaag nog onderschat men de invloed van deze vier eeuwen ambtenarenkerk. Het Concordaat van 1516 zou inderdaad van kracht blijven tot de scheidingswet van 1904. Vierhonderd jaar lang bestond er dus een Staatskerk. Alle bisschoppen en abten werden door het staatshoofd benoemd, zelfs al waren het verwoede antiklerikalen, zoals Jules Ferry.

Pas nu, op het einde van de 20ste eeuw, heeft de denkwijze van gelovigen en ongelovigen zich van die ideeën van de Staatskerk losgemaakt. Het was een gecentraliseerde, autoritaire Kerk met structuren die door de Staat — in om het even welke vorm — werden gewaarborgd. Het resultaat daarvan was het grootse vertoon van de godsdienst in de 17de eeuw. In een waar operadecor kwamen de leden van het hof en de vooraanstaanden rond de preekstoel samen. Het viel de Staat niet moeilijk zich de gedweeheid van de prelaten te verzekeren. Velen onder hen staken echter hun losbandige leven niet onder stoelen of banken. Zo bijvoorbeeld Maurice Le Tellier, een broer van Louvois en aartsbisschop van Reims: in volle pracht en praal ging hij met zijn maîtresses uit rijden, terwijl één daarvan bovendien zijn bloedeigen nicht was. Tegenover de praal van gebouwen en hiërarchische structuren stond echter het verval van het contemplatieve leven, wat duidelijk blijkt uit het geestelijk verval van de kloosters. Toen de Franse Revolutie uitbrak waren er nog vijf monniken te Cluny!

De nadelen van de Staatskerk hebben zich in sommige landen tot voor kort laten voelen [12]. In de kerkgeschiedenis

---

(12) Overal worden Kerken afhankelijk van de wereldlijke macht, ook

merkt men dat er werkelijk een ascetische heiligheid en hervormingen als die van de Carmel of van de Trappisten nodig waren, om de Kerk te doen overleven onder haar prachtige en belachelijke uiterlijkheden. Het concordaat werd ondertekend door Leo X, een de Medici, die de protesten van Luther beantwoordde door hem te excommuniceren. Hij behield zichzelf het recht voor zijn veto te stellen tegen bepaalde kerkelijke benoemingen, maar hij heeft dat *nooit* uitgeoefend. De reeds genoemde Maurice Le Tellier was abt van Lagny op de leeftijd van negen jaar! Het benoemen van bisschoppen en abten door de gunst van heren en koningen werd gedurende de hele middeleeuwen — op de Karolingische periode na — als een misbruik, een onrechtmatige gunst, een uitzondering beschouwd. In het begin van de 16de eeuw wordt het echter de algemene regel.

Dergelijke duidelijke en voor de hand liggende feiten uit de Westerse geschiedenis zijn eigenaardig genoeg bijna volkomen onbekend of miskend of worden verzwegen of slecht geïnterpreteerd, vooral door de geestelijkheid en de katholieke pers.

Keren wij terug tot de Inquisitie [13]. Voor de historicus is dit voor de Kerk en voor het Westen in het algemeen de beslissende stap geweest naar het fanatieke geloof van de 17de eeuw, ten tijde van de godsdienstoorlogen. De Kerk werd een monolitisch staatsinstituut met een typisch Westerse bureaucratie en mentaliteit. Zij kende niet langer die

---

in protestantse landen als Zweden, Denemarken, Engeland, Duitsland en zelfs Zwitserland. In de katholieke landen worden overal concordaten afgesloten waardoor prinsen en keizers de hoogwaardigheidsbekleders mogen benoemen. Dan kan men werkelijk van een verwarring tussen geestelijke en wereldlijke macht spreken, want de kerkelijke structuur wordt volledig met die van de Staat verward en is daar ook van afhankelijk.

(13) Voor gelovigen kan het misschien een troost zijn dat geen van de „grote pausen " — Innocentius III en Gregorius IX — door de Kerk werden heiligverklaard. Lodewijk IX daarentegen wel. Hij werd geboren vijf jaar na het begin van de Albigenzische oorlog en was 15 toen de vrede van 1229 er een einde aan maakte. Op 17-jarige leeftijd werd de Inquisitie ingesteld, die hij in zijn gebied zou ondersteunen. Ook zijn neef Ferdinand III die de Inquisitie in Spanje verbood, werd heiligverklaard.

voortdurende hervormingen die haar tot dan toe hadden gekenmerkt. In plaats daarvan trad nu dé Hervorming tegen haar op. Vergelijken wij alleen maar de 17de eeuwse starheid met de inspanningen die men in de loop van de 12de eeuw deed om de niet-christelijke stromingen waarmee men in contact kwam te leren kennen en te begrijpen. Petrus Venerabilis, abt van Cluny, gaf in 1141 al de opdracht de Talmud en de Koran te vertalen — alle kruistochtpredikers moesten voortaan de Koran gelezen hebben! Vergelijken wij daarmee de evangelieprediking van de 17de eeuw en de daaropvolgende eeuwen : niet zonder reden heeft men die eng „Westers" genoemd. In de 5de en 6de eeuw slaagde de Kerk erin over te komen bij de „barbaren". De barbaren zowel als de erfgenamen van de antieke cultuur werden grondig onderwezen. Bij de bekering van Zuid-Amerika daarentegen werd dit onderricht totaal verwaarloosd, hoewel dat naderhand voor een voortzetting van het werk door inheemse mensen had kunnen zorgen. Alle evangelisatie uit het klassieke tijdperk, de protestantse zowel als de katholieke, blijft schatplichtig aan het Westen [14]. Het is ontstellend te bedenken dat er op het einde van de 13de eeuw een bloeiende christenenkolonie was in China. Naast het aartsbisdom Peking waren er nog zes andere bisdommen. Toen werden de pausen de slaven van de wereldlijke macht en dat bracht onvermijdelijk wanorde met zich mee, al was het maar omdat men nu op rijkdom en eer uit was. In de 14de eeuw bestond er dan ook niet de minste interesse meer voor de Kerk van het Verre Oosten en pas vele eeuwen later zou die zich herstellen. Dergelijke feiten zouden ons oordeel over wat men „de Kerk van de middeleeuwen" is gaan noemen, moeten beïnvloeden.

Men zal opmerken dat het vandaag nu eenmaal een gewoonte is een vermanende vinger op te steken om het kwaad,

(14) De bekommernis van de evangelisatie viel trouwens moeilijk te verzoenen met de verschillende vormen van verdrukking die overal nog bestonden : de slavernij op de Antillen, de mensenmoorden in Noord-Amerika of in Australië...

het schandaal, de corruptie en de afwijking af te keuren. Dat is bovendien moedig, want aanklagen vergt altijd moed. Het valt op dat het Kwaad zich altijd tegenover de vermanende persoon bevindt, en dat hijzelf altijd het Goede vertegenwoordigt. Men kan zich misschien afvragen of de manicheïstische doctrines die de Inquisitie hebben doen ontstaan — en de inquisiteurs trouwens ook enigszins hebben beïnvloed — ook de mentaliteit van onze tijd niet grondig hebben beïnvloed?

Men zou hier natuurlijk nog veel meer over kunnen zeggen. Ik denk aan een jonge en vurige vriendin van me die me met veel overtuiging uiteenzette dat de Kerk nu eindelijk had begrepen dat God dienen erin bestond de naaste te dienen. Deze onthutsende ontdekking zou in de geschiedenis van het christendom een totale verandering teweeg brengen in het relatiepatroon van de basis en misschien zelfs in het hele socio-culturele gedrag van de christelijke gemeenschap. Ik vroeg haar dan aan een eenvoudige geest als ik duidelijk te maken waarom de middeleeuwse christenen over „godshuis", „aalmoezenhuis", „passantenhuis", „Hôtel-Dieu" en „Maison-Dieu" spraken. Daarmee bedoelden zij niet de kerken, maar wel de hospitalen en andere voorzieningen waar zieken en behoeftigen gratis werden opgevangen. Dit had dan niets met doorleefde situaties te maken? Haar antwoord ging wellicht het bevattingsvermogen van een simpele geest te boven, want ik herinner er mij niets meer van.

Ik had haar ook kunnen zeggen dat de hospitaalordes volgens hun statuten verplicht waren de zieke als „heer des huizes" te ontvangen, wie hij ook was en waar hij ook vandaan kwam. Of had ik ook het asielrecht moeten vermelden? Misschien zou men dat vandaag op grote schaal terug moeten invoeren, nu publieke en particuliere wraak weer volop opkomen. Ik twijfel echter of mijn jonge militante dan tot het einde zou hebben geluisterd.

***

In 1970 had er een televisie-uitzending plaats over het internationale Rode Kruis en haar onderzoekscommissies in de interneringskampen. Een journaliste vroeg aan de vertegenwoordiger van het Rode Kruis : „Kan men dan de landen niet *verplichten* de onderzoekscommissie van het Rode Kruis toe te laten?"

De man merkte op dat de bevindingen van de onderzoekscommissies niet geregistreerd, in achtgenomen of bekrachtigd worden en dat de commissies ook geen formeel en algemeen bezoekrecht hadden. Daarop hernam dezelfde journaliste : „Kan men de beschaafde landen die uw onderzoekscommissie weigeren dan niet in de ban slaan?"

In haar — overigens begrijpelijke — verontwaardiging had deze journaliste achtereenvolgens de Inquisitie, de excommunicatie en het interdict uitgevonden. Alleen paste zij die toe op een gebied waar algemene overeenstemming over bestaat, dat van de bescherming van gewone en politieke gevangenen. Dergelijke vergelijkingen zijn er zelfs niet nodig. Onze tijd moet toch zeer gemakkelijk de middeleeuwse Inquisitie kunnen begrijpen ; alleen worden de dissidenten nu niet op hun godsdienstige, maar op het politieke vlak gezocht. Als historicus kijkt men verbaasd toe nu in alle landen met steeds grotere strengheid wordt opgetreden tegen politieke misdaden. Vandaag lijken alle schorsingen, alle straffen en alle hecatomben geoorloofd, als men daarmee afwijkingen van en fouten tegen de politieke lijn van de overheid kan beteugelen. Meestal volstaat het ook niet de ketter te verbannen, men wil hem overtuigen. Vandaar de hersenspoelingen en eindeloze opsluitingen, die de innerlijke weerstand van de mens aantasten.

Als men de verschrikkelijke balans opmaakt, als men bedenkt hoeveel mensenlevens zinloos werden verspild... De revoluties en de bestraffing van politieke misdaden in de loop van de 20ste eeuw eisten meer slachtoffers dan de twee „wereldoorlogen". Kan men op het gebied van dissidentie wel van vooruitgang spreken? Waar zal de historicus van het jaar 3000 het fanatisme situeren, de verdrukking van de ene mens door de andere : in de dertiende of in de twintigste eeuw ?

HOOFDSTUK 8

GESCHIEDENIS, IDEEËN en FANTASIE

Een opgewonden, maar sympathieke jonge man kwam op zekere dag op mijn bureau in het Nationaal Archief. Hij wou mij (waarom, weet ik nog altijd niet) een verhandeling voorleggen over die beroemde Katharen. Ik overliep enkele bladzijden en vroeg hem of hij werkelijk geschiedenis gestudeerd had: hij bleek inderdaad maar heel weinig authentieke bronnen te hebben gebruikt. Hij was verontwaardigd: „U moet begrijpen, als ik geschiedenis beoefen, dan is dat niet om te weten of een bepaald feit juist is of niet, maar om mijn ideeën bevestigd te zien".

Het antwoord lag voor de hand: „Waarom beoefent U dan de geschiedenis, meneer? Wend U tot de politiek, de roman, de film, de journalistiek! Geschiedenis heeft alleen belang als zij de waarheid zoekt. Houdt ze zich met iets anders bezig, dan is het geen *geschiedenis* meer." Hij was ontgoocheld en verschrikkelijk geërgerd toen hij vertrok.

Toch was hij eerlijk, en dat is zeldzaam. Voor de mensen voor wie de geschiedenis slechts een voorwendsel is, vormen de middeleeuwen een gedroomd terrein. Het is onbekend gebleven voor het grote publiek, terwijl enkele namen en gegevens in het oog springen: Karel de Grote, Jeanne d'Arc, de Inquisitie, de Katharen, het *Roelantslied,* de troubadours, de tempeliers, Abélard, *de graal,* feodaal dat met brutaal rijmt en de slaven die de kikkers het zwijgen opleggen. Dat is de gemiddelde bagage die men meekrijgt in de handboeken van het basisonderwijs. Als men het verhaal wil aandikken, spreekt men ook over het geheim der Tempeliers en de schat van de Katharen, of omgekeerd over de schat der Tempeliers en het geheim der Katharen. Zo kan men inderdaad zijn eigen ideeën bevestigd zien, zoals de jonge man het formuleerde. En dat doet men de hele tijd met een verbazend gemak. Wij arme dagloners zullen dat nooit begrijpen.

Voor ons bestaat de geschiedenis erin dikwijls dorre maar altijd concrete documenten geduldig te bestuderen. Het zijn sporen van gebeurtenissen die werden beleefd door levende personen, die zich niet bekommerden om vooraf uitgedachte theorieën of vaststaande statistieken.

Dat is wellicht één van de grootste fouten van onze tijd : wij denken dat de geschiedenis in ons kleine brein wordt gemaakt en dat wij haar „op maat" kunnen bestellen. In een discussie over de afkomst van Christoffel Columbus kreeg de historica Marianne Mahn-Lot vanwege een schrijver (bovendien voorzitter van een „historische bibliotheek"!) volgende typische uitspraak te horen: „Uw stelling is misschien wel juist, maar laat de mensen tenminste denken wat zij willen". Had men dat heerschap gevraagd hoe laat het was, dan was hij zeker even in de war geweest. Als hij bijvoorbeeld zei „Halfnegen in de avond", dan kon men hem antwoorden: „Laat mij mijn vrijheid van denken: voor mij is het drie uur in de morgen".

Naïever en onbeschaamder kan men de waarde van de geschiedenis niet ontkennen. Zoals elk wetenschappelijk onderzoek kan ook de geschiedenis niet zonder vrijheid van denken. Men mag dat echter niet verwarren met de intellectuele fantasieën van een individu, die worden ingegeven door zijn politieke of persoonlijke overtuigingen, door zijn ingevingen van het moment of gewoon door het verlangen een succesvol boek te schrijven. De geschiedenis heeft haar eigen terrein. Wanneer zij niet langer het ware zoekt, gegrond op authentieke documenten, houdt zij op te bestaan, wordt zij lucht, of liever : is zij alleen nog bedrog en mystificatie. Henri-Irène Marrou formuleerde het heel elegant : „Als wetenschapsmens is de historicus door zijn mensenbroeders uitgezonden om de waarheid te veroveren" [1].

Men zal opwerpen dat er op het gebied van de historische

(1) *De la connaissance historique,* Parijs, Seuil, 1954, blz. 219 (heruitg. 1975).

literatuur toch heel wat successen zijn geboekt. Als een Shakespeare echter Hendrik V herschept, dan respecteert hij daarbij het personage zoals ons dat door de geschiedenis bekend is. Wanneer Walter Scott's Lodewijk XI echter niets meer te maken heeft met de historische Lodewijk XI, dan valt daar natuurlijk meer over te redetwisten, zelfs al is dit beeld tot in de schoolboeken doorgedrongen. Dergelijke dingen ziet men inderdaad dagelijks gebeuren. Men gebruikt de namen van historische personages om producties te lanceren die helaas niets meer met het werk van Shakespeare of zelfs Walter Scott te maken hebben. Die triestige namaak wil de goede mensen die men misprijst, alleen maar misbruiken. Men speculeert daarbij op het feit dat het grote publiek meer en meer smaak schijnt te vinden in de geschiedenis — wat naturlijk wel een gezonde reactie is in deze tijd van goedkope filosofieën en zuiver abstracte, intellectuele en cerebrale theorieën. Men zoekt dan vlug een of andere bekende naam op (Christoffel Columbus, Jeanne d'Arc enz.), enkele thema's waarvan men weet dat zij een politieke weerklank hebben (de Katharen, de Tempeliers, enz.). Volgens beproefd journalistiek recept versiert men het onderwerp met enkele kleine schandalen, en zo bouwt men dan een „historisch" werk, of zelfs een hele bibliotheek op — succes verzekerd!

Het is inderdaad zo gemakkelijk de geschiedenis bewust of onbewust te manipuleren ten behoeve van een publiek dat er toch niets van af weet. Dagelijks, of toch bijna, is men daar getuige van op de televisie. Als het om heel recente gebeurtenissen gaat, gebeurt het wel meer dat zij op het scherm vervormd worden weergegeven. Dat is niet zo erg. Als een auteur zich echter op de Albigenzenzaak bijvoorbeeld „stort" (zo mag men het wel noemen), wie is dan in staat te protesteren? Hij kan de H. Dominicus Guzman gerust twintig jaar langer laten leven, personen met elkaar verwarren en een heel weefsel van fouten samenstellen. De specialist staat verstomd, maar kan alleen kritiek leveren in een specialistentijdschrift, voor ingewijden dus. De middeleeuwen vormen een bevoorrechte stof : men kan erover zeggen wat men wil en is bijna zeker dat niemand zal tegenspreken.

Een mediëvist zou zijn leven kunnen vullen met het rechtzetten van fouten, want de feiten en de teksten zijn bijna altijd in tegenspraak met de legendes die vanaf de 16de eeuw, maar vooral in de 19de eeuw werden verspreid. Zelden ontmoet men een onderwerp waarbij men niet eerst de verhalen moet rechtzetten die errond zijn ontstaan. Een typisch voorbeeld, hoewel het hier om moderne geschiedenis gaat en niet om middeleeuwse. Een scenarioschrijver wendde zich in 1974 tot het Nationaal Archief voor documentatie in verband met de aanslag van Damiens tegen Lodewijk XV. Onmiddellijk vroeg hij om het parlementair register te mogen zien „waar de bladen waren uitgescheurd". Alle historici sinds Michelet — of juister sinds Ravaisson die hem voorafging — hebben inderdaad vermeld dat de verslagen van de parlementaire beraadslagingen over de zaak Damiens waren uitgescheurd. In het authentieke register konden wij echter vaststellen dat het wel degelijk volledig gebleven was, dat de bladzijden elkaar onberispelijk in hun oorspronkelijke volgorde opvolgden en dat daarin de hele beraadslaging was opgetekend, zonder merkbare toegevingen of weglatingen. Michelet schreef ook dat er van de bewijsstukken van dit proces „slechts een armzalige rode vod" was overgebleven, het hemd van Damiens. In werkelijkheid worden in het Kabinet voor Bewijsstukken van Staatsprocessen in het Nationaal Archief al de kleren van Damiens bewaard, hoewel ze natuurlijk flink door de motten zijn aangevreten. Voor die tijd was het een eenvoudig pak, met vest, bef, handschoenen enz., maar het is prachtig geweven in zuivere wol en zorgvuldig genaaid en versierd : voor deze tijd dus een meesterwerk van kleermakerskunst.

Het is vrij eenvoudig te ontdekken waar de fout werd gemaakt. Een eerste „historicus" liet zich leiden door de hofroddel. Volgens die kletspraatjes werd de aanslag van Damiens als het ware „tele-geleid" door hoogwaardigheidsbekleders die hun naam bij de beraadslagingen hadden willen zien verdwijnen. Dit is een verhaaltje zonder grond dat door de notulen en de registers wordt tegengesproken, want, nogmaals, die vertonen geen enkele lacune. Toen Michelet echter het laatste deel van zijn *Histoire de France* schreef (over de monarchie tot aan de revolutie, want het deel over de revolutie had hij al vroeger geschreven), werkte hij al twintig jaar niet meer in het Nationaal Archief. Toen hij in 1852 weigerde de eed af te leggen, had de prins-president hem immers ontslagen. Het hoofdstuk over Damiens schreef hij dus op basis van vage persoonlijke herinneringen — het „armzalige rode vod" — en van een vroeger historicus, die hij echter slecht had gekozen. Ook op andere plaatsen kan men merken dat het laatste deel van zijn werk minder kwaliteit biedt dan het eerste, dat hij schreef vóór de gebeurtenissen van 1848-1852.

Wat de zaak Damiens betrof moest men dus allereerst aan de hand van de documenten de onnauwkeurigheid van het begin verbeteren. Die heeft immers de hele geschiedenis van het proces van die ongelukkige vervalst. Hij was halfgek en slachtoffer van een strafprocedure die in de 17de-18de eeuw ongelooflijk wreed was geworden.

Het is een typische anecdote, maar de fout is gemakkelijk recht te zetten omdat het hier over recente geschiedenis gaat. De geschiedenis van de middeleeuwen krioelt van dergelijke fouten, omdat men vaak de moeite niet doet naar de bronnen terug te grijpen.

Een verhelderend voorbeeld nu, dat ons in de volle middeleeuwen brengt. Al wie Rocamadour bezocht heeft, zal hebben horen spreken over de heilige Amadour. Dat zou Zacheus geweest zijn, de tollenaar uit het evangelie die door Christus werd bekeerd. Hij kwam de Galliërs bekeren en zou als kluizenaar in de bergen zijn gestorven, vandaar de naam Roc-Amadour.

Nu moest ik voor een congres het *Boek der Mirakelen*

van O.L.V. van Rocamadour bestuderen, waarvan het originele manuscript uit de 12de eeuw bewaard is gebleven. Daarin wordt noch over Zacheus noch over een heilige Amadour gesproken en alle mirakelen worden aan Christus zelf toegeschreven, door de tussenkomst van de heilige Maagd. Bij nader toezien blijkt de legende ontstaan te zijn in de 15de eeuw, driehonderd jaar dus na het *Boek der Mirakelen.* We vinden het verhaal pas uitdrukkelijk verteld in een stichtend werk geschreven in 1633, en pas in volle 19de eeuw, omstreeks 1850, werd het in de liturgie opgenomen. Men zou honderden van dergelijke anecdotes kunnen vertellen.

Men moet dus naar de bron teruggaan, maar er bestaat veel verwarring tussen literaire en historische bronnen. Wanneer men heldendichten en ridderromans letterlijk neemt en van hun personages mensen uit het dagelijks leven wil maken, dan spreekt het vanzelf dat men een mensheid van monsters, enormiteiten en afwijkingen bekomt. Door gewoon wat gezond verstand te gebruiken kunnen dergelijke fouten rechtgezet worden. Wat ziet men echter? Veel commentatoren blijven die verhalen letterlijk opnemen. Van een literair werk mag men alleen verwachten dat het een mentaliteit weerspiegelt, niet dat het de werkelijkheid beschrijft en nog minder dat het daar een preciese weergave van zou zijn. In de 19de eeuw ontstaat een nieuw genre, de naturalistische roman. Zelfs een père Goriot of een Lucien de Rubempré mag men echter niet als historische personages beschouwen. Dat heeft men wel gedaan met *Raoul de Cambrai* bijvoorbeeld, en toch verschillen epos en ridderroman radicaal van de naturalistische roman. De schrijver wil net zo min de werkelijkheid nabootsen als de beeldhouwer van een romaans kapiteel dat wil. Toch heeft men uit *Raoul de Cambrai* het beeld gedistilleerd van de plunderende, verwoestende, onrechtvaardige en wrede heer. Dat beeld was men beter gaan zoeken in kronieken, of beter nog, in oorkondenboeken en dergelijke. Het is echter veel gemakkelijker om steeds maar op hetzelfde patroon voort te borduren dan om schenkingen, huurcontracten, verkoops- en schenkingsacten te bestuderen. Dààr bevindt zich echter de geschiedenis en niet de literatuur.

Dat betekent dat er op historisch, dus wetenschappelijk vlak nog een enorme inspanning geleverd moet worden om duizend jaar uit onze geschiedenis te leren kennen. Daarbij moet men vermijden op vage folklore terug te vallen die op eeuwige legendes is gebaseerd, of op vroegere studies uit de 18de of 19de eeuw die onvolledig of onjuist zijn. Denken wij alleen maar aan de figuur van Abélard. Hij werd getekend als een ongelovige, een verdwaald scepticus in een eeuw van onwetendheid en verdierlijking. Het lijkt tamelijk paradoxaal om de denker die al zijn energie besteedde aan het opstellen van het dogma van de Heilige Drievuldigheid en die de weg gebaand heeft voor Thomas van Aquino zelf, als een scepticus te doen doorgaan. Toch staat dat in zowat alle vulgariserende werken te lezen.

Alleen zijn beroemde en bewonderenswaardige *Lettre à un ami* en zijn briefwisseling met *Héloïse* werden vertaald [2]. Zijn filosofisch werk is praktisch onbekend gebleven, tenzij voor de specialisten die het in het Latijn hebben gelezen. Ik heb daar persoonlijk een slechte ervaring mee gehad, toen ik over Abélard schreef in een verzameling waar men de gewoonte had — op zichzelf overigens niet af te keuren — om moeilijke termen te verduidelijken. Die noten werden geschreven door een licentiaat in de geschiedenis.

Ik was verbaasd toen ik zag welke vrijheden hij zich veroorloofde met de teksten van Abélard en vooral met zijn *Sic et non* (dat hem inderdaad wel als een scepticus kan laten doorgaan). De commentaar kwam uit de gebruikelijke handboeken en voor iemand die het *Sic et non* volledig gelezen had was het resultaat op zijn minst verrassend te noemen. Had die man alleen nog maar de merkwaardige „proloog" gelezen waar de bedoeling van het hele werk in uiteengezet

(2) Zijn *Ethique* werd kortgeleden door een Engels geleerde, D. E. Luscombe, vertaald (Oxford, Clarendon Press, 1971).

wordt — het bestaat voornamelijk uit citaten uit de Schrift en de Kerkvaders — dan waren zijn noten al anders geweest. Zo komt het dat het beeld van Abélard zoals het uit zijn geschriften tevoorschijn komt, zoveel verschilt van wat de 18de en 19de eeuwse historici hebben ontworpen, toen zijn werk nog maar gedeeltelijk was uitgegeven. Ontwikkelde lezers denken nu dat de authentieke teksten fout zijn!

Het sensationeelste voorbeeld is wel dat van Lodewijk IX, de minst bekende koning van Frankrijk. Van de handelingen van de heilige Lodewijk werd nog geen volledige lijst opgesteld, terwijl dat voor de voorgaande en volgende koningen wel is gebeurd. Misschien werden de geleerden afgeschrikt door het grote aantal documenten uit een regeringsperiode van meer dan veertig jaar. Voor een dergelijke opdracht is ploegwerk nodig en daar zijn onze archiefmensen nauwelijks toe opgeleid. De heilige Lodewijk kennen wij dus alleen door de kroniekschrijvers, die zeer goed waren ingelicht en soms werkelijk talent hadden, zoals een Joinville. Zij laten ons wel toe een idee te krijgen van zijn persoonlijkheid, maar wat hij werkelijk heeft verwezenlijkt, zowel op openbaar als op privé-gebied, blijft ons onbekend. Men kan zeggen dat we over zijn regering slechts een tweedehandse kennis hebben. Erger nog : zelfs het werk van Joinville zelf werd nog niet kritisch uitgegeven. Het wordt voortdurend gedrukt en herdrukt, maar nog altijd volgens de uitgave van Natalis de Wailly. Deze uitgave beantwoordt echter niet langer aan de huidige eisen van een tekstuitgave naar bestaande manuscripten. Onze kennis van de regering van de heilige Lodewijk heeft dus het niveau van de historische synthese niet overschreden. Nog altijd steunen wij op het werk van Le Nain de Tillemont uit de 17de eeuw, heruitgegeven in de 19de eeuw door Jules de Gaule voor het Frans Historisch Genootschap. Zelfs de waardevolste kroniek kreeg dus niet de aandacht die zij verdiende.

In een recente doctoraatsverhandeling[3] wordt, zij het op een heel ander gebied, nog een voorbeeld gegeven. Van het werk van Stephen Langton werd namelijk slechts een honderdste uitgegeven: precies één preek van de driehonderd die er zijn overgeleverd, één commentaar op de bijbel — terwijl hij alle bijbelteksten heeft besproken! — en één *quaestio* op zeventig. De gewone mensen kennen zelfs zijn naam niet, terwijl toch velen van zijn werk gebruik maken. Al wie sinds de 13de eeuw één of andere passage uit de bijbel aanhaalde en er de referenties bij gaf, heeft iets aan Stephen Langton te danken, die de bijbel in hoofdstukken en verzen heeft ingedeeld. Zelfs de Joodse bijbel heeft die overgenomen. Hij studeerde aan de Parijse universiteit en werd daarna aartsbisschop van Canterbury. Hij speelde trouwens een beslissende rol in het opstellen van de Magna Charta van 1215.

Werk genoeg dus voor de toekomstige historici, maar er zal moed en ook wat onafhankelijkheid van geest nodig zijn. Van mensen die aan een verhandeling bezig zijn hoorde ik immers vaak dat professoren en correctoren hen afraadden over de geschiedenis van de middeleeuwen te werken. Zij bedoelden daar niets kwaads mee, maar hadden alleen niet de nodige bekwaamheid en interesse om een dergelijke verhandeling te begeleiden. Zo is de paradoxale situatie ontstaan dat diegenen die over de Griekse of Romeinse of zelfs de Byzantijnse Oudheid werken willen, moeilijk nog een onderwerp kunnen vinden dat nog niet helemaal werd uitgepluisd. Wie zich daarentegen met onze eigen geschiedenis wil bezighouden, waar nog enorme lacunes en afgronden te overbruggen vallen, wordt ontmoedigd.

Niet alleen de eigenlijke geschiedenis van mensen en gebeurtenissen heeft met dit probleem te kampen, ook de ge-

(3) Esneval (Amaury d'), *L'Inspiration biblique d'Etienne Langton à travers le commentaire sur le livre de Ruth et les „Interpretationes nominum hebraicorum".* Doctoraatsverhandelling verdedigd aan de universiteit van Caen, 1976.

schiedenis van de filosofie, de ideeën, de sociale verhoudingen, de zeden en gebruiken, het recht... Vandaar die bijna absolute leegte die men aantreft in algemene werken, encyclopedieën, universele geschiedenissen en dergelijke. De middeleeuwse geschiedenis (duizend jaar!) wordt er in enkele bladzijden afgehandeld, helemaal niet in verhouding tot de andere periodes en zelfs tot de behandeling van de oudheid! Wat er ook wordt behandeld, telkens worden die duizend jaar vlug overlopen.

Men kan nu terecht protesteren en grote namen, geleerde tijdschriften, centra voor middeleeuwse studies aanhalen, of congressen, colloquia en universiteitscursussen zelfs. Dat zijn echter allemaal slechts uitzonderingen op de regel. De regel bestaat hierin dat een student in de literatuur een verhandeling maakt over Proust en dat de student in de geschiedenis zich voor alles interesseert, behalve de middeleeuwen.

Zo was het althans tot kort geleden. Ik heb de indruk dat er nu wat meer interesse komt en die zou ook de poorten van de universiteit wel eens kunnen inbeuken. De nieuwe methodes om teksten te onderzoeken zouden de studie kunnen vernieuwen en uitbreiden. De informatica begint in het archief door te dringen en kan daar enorme diensten bewijzen. De recente geschiedenis zal er wel het meest mee gebaat zijn, want over de feodale periode zijn niet zo'n uitgebreide en volledige documentatieverzamelingen beschikbaar dat men hier de informatica nuttig zou kunnen aanwenden. Toch zouden bepaalde verzamelingen er zich wel toe lenen, zo bijvoorbeeld de onderzoeken van de heilige Lodewijk ; die zouden ons veel informatie kunnen verschaffen over het sociale leven van die tijd. Uit de periode dichter bij ons werden de parochieregisters onderzocht, die tot de 14de eeuw en verder soms teruggaan. Als men bepaalde specialisten mag geloven, zou het onderzoek niet grondig genoeg zijn gebeurd. Peters en meters bijvoorbeeld, die vroeger belangrijk waren, werden niet in de programma's voorzien. Wat elders geldt, is ook voor de geschiedenis het geval : zelfs de meest geperfectioneerde middelen renderen pas ten volle als zij door bekwame onderzoekers worden geleid en gebruikt.

Bovendien moeten de reproductiemiddelen nog ten volle ontwikkeld worden. De aandacht moet hierbij vooral gaan naar de reproductie van de miniaturen uit de handschriften, want die vormen een onmetelijke en bijna onontgonnen bron van informatie. Wat wij nu aan beelden uit de middeleeuwen kennen door de „documentatie in openlucht" zoals de architectuur, de beeldhouwkunst, de glasramen, wandschilderingen en tapijten, vertegenwoordigt nog geen honderdste van wat wij zouden kunnen kennen indien men de miniaturen systematisch en in kleur zou reproduceren. Hoe komt het dat zoiets in deze bloeiperiode van de audiovisuele middelen nog niet op voldoende grote schaal is gebeurd? Als wij op dat gebied niet de nodige inspanning doen, zal onze kennis van de middeleeuwen een grote leemte blijven vertonen. We zien en bestuderen altijd maar dezelfde beelden. De verluchting van de handschriften is echter ongelooflijk rijk (sommige bevatten meer dan 4000 miniaturen) [4], onaangetast (niet verbleekt als sommige fresco's) en biedt een ongelooflijk panorama : niet alleen de eigenlijke kunstgeschiedenis kan men erin volgen, maar ook het hele sociale en economische leven bijvoorbeeld. Alleen in Engeland werd een inspanning geleverd. In het British Museum is er een permanente tentoonstelling van zowat tweehonderd handschriften. De bezoekers worden bovendien aangemoedigd copieën te maken of te laten maken. Privé-verzamelingen van foto's zoals het *Courtauld Institute* laten bovendien een breder publiek met deze bijna onontgonnen schatten kennismaken. Voor de kennis van de middeleeuwen zijn zij onontbeerlijk, maar paradoxaal genoeg heeft men er veel minder toe-

(4) Vermelden wij hier de *Bible historiée* (Frans 167 in de Franse Nationale bibliotheek) die 5152 platen bevat, het beroemde *Bedford brevier* (Latijn 17294), 4346 platen enz. Zelfs waar men maar enkele tientallen of honderden versierde bladzijden vindt, is er nog altijd de rijke randversiering.

gang dan tot de resultaten van archeologische opgravingen die meestal vrij spoedig in de musea te bekijken zijn.

⁂

In 1969, kort nadat de eerste mens voet op de maan had gezet, werd voor de televisie een groepje kinderen ondervraagd over de zin van de technische vooruitgang van de mensheid. Een jongetje van acht of negen antwoordde: „Dat komt omdat de mensen *na* de middeleeuwen zijn beginnen nadenken". Hij wist dus al dat er tijdens de middeleeuwen niet werd nagedacht.

Ik herhaal het, niet de kinderen hebben schuld aan deze misvatting, want zij herhalen wat hun werd geleerd. Ik moet hier terugdenken aan een onderhoud met een journalist van de katholieke televisie over het proces van Jeanne d'Arc. In *Le Monde* was een artikel verschenen over een nieuwe studie daarover, zodat nu ook de katholieke TV zonder veel risico over Jeanne d'Arc kon spreken.

Hij vroeg mij hoe wij aan onze informatie kwamen over het proces. Ik legde hem uit dat de oorspronkelijke lijst van de vragen van de rechtbank en de antwoorden van de beschuldigde bewaard waren gebleven, zoals voor alle andere gerechtszaken van die tijd.

— Men schreef dus alles op?

— Ja, alles werd door de notarissen opgetekend.

— Dat moet dan wel een dikke bundel zijn?

— Inderdaad.

Ik had de indruk dat ik met een analfabeet aan het praten was.

— Om het dossier uit te geven hebben mensen dat dus helemaal moeten afschrijven?

— Inderdaad.

Hij was zo verstomd dat ik niet durfde aandringen. Hij mompelde bij zichzelf: „Niet te geloven dat *die lui* zo zorgvuldig te werk konden gaan..."

„Die lui... zo zorgvuldig..." Mijn beurt nu om verwonderd te zijn: had die journalist dan nooit een gothische boog bekeken? Had hij zich nooit de bedenking gemaakt dat er wel enige zorg nodig was om die op een hoogte van zo'n veertig meter bijna duizend jaar stand te doen houden? Hij deed me denken aan een andere bezoeker die, ook in verband met Jeanne d'Arc, zeer uit de hoogte opmerkte: „U kan zich wel voorstellen dat als de documenten uit die tijd nog bestaan, ze wel in een zodanige staat zullen zijn dat er niets meer op te lezen valt..." Die man overtuigen was niet moeilijk, ik moest hem alleen maar een paar kilometer rekken in het Nationaal Archief laten zien. Het zou hem gauw duidelijk worden dat perkament en voddenpapier tegen meer bestand zijn dan ons huidig krantenpapier. Veel belangrijker is het echter dat de kinderachtige visie op een deel van de mensengeschiedenis wordt rechtgezet. Een eerste stap zou reeds gezet zijn als wij „die lui" als mensen zoals wij zouden beschouwen; een mensheid die niet beter of niet slechter was dan die van nu, maar die wij zeker niet met een schouderophalen of een meewarige glimlach moeten begroeten. Men kan die maatschappij even sereen bestuderen als elke andere.

Dat zou natuurlijk ook inhouden dat wij de term middeleeuwen niet langer gebruiken om heel dat millennium tussen de oudheid en de renaissance aan te duiden. Als men aanneemt dat er heel wat kan gebeuren in de loop van duizend jaar en als men per sé wil classificeren (dat heeft ongetwijfeld ook zijn nut), dan moet men nauwkeuriger gaan benoemen. Heel wat geleerden doen dat reeds en waarom zou het grote publiek achterblijven in deze tijd van snelle communicatie? Zo zou men over een *Frankische periode* kunnen spreken, het begin van de hoge middeleeuwen. Daarmee zou men de driehonderd jaar aanduiden tussen de val van het Romeinse Rijk (410, als men de verovering van Rome door de Gothen, of 476 als men de afzetting van de laatste keizer als scheidingsdatum neemt) en de troonsbestijging van de Karolingische dynastie in het midden van de 8ste eeuw. Daarmee zou dan een eerste fase aangeduid worden die even belangrijk is als de vorige of de volgende. Het tijdsverloop is te vergelijken met de tijd tussen de troonsbestijging van Hendrik IV in 1589 en de oorlog van 1914.

Een tweede periode zou men de *Keizerlijke tijd* kunnen noemen. Daarin werd Europa één, een niet onbelangrijke evolutie in onze 20ste eeuwse ogen. Het gaat hier om zowat tweehonderd jaar, dus zoveel als van het einde van de 18de eeuw tot vandaag de dag.

Van het midden van de 10de eeuw tot het einde van de 13de loopt de *Feodale tijd*. Vooral in Frankrijk vertoont die periode van drie en een halve eeuw wel grote eenheid. Ze omvat ongeveer evenveel jaren als de tijd tussen Jeanne d'Arc en de Franse Revolutie.

De term *middeleeuwen* tenslotte zou men dan voor de laatste eeuwen kunnen voorbehouden. Het gaat dan werkelijk om een overgangsperiode tussen feodaliteit en monarchie, niet alleen politiek maar ook sociaal, economisch en artistiek.

Alleen op die laatste periode zijn de bekende algemeenheden van toepassing : een tijd van oorlogen, hongersnood en epidemies. Om dergelijke grove tijdsaanduidingen wat meer te nuanceren, hebben wij op een colloquium met studenten in de geschiedenis het silhouet van de mens van 1250 proberen te schetsen en daartegenover dat van de mens van 1350 geplaatst. Het werd een vruchtbare confrontatie tussen twee bijna radicaal tegengestelde werelden. In 1350 was de Europese bevolking geschokt door de grootste ramp aller tijden, de builenpest of zwarte pest. Tussen 1347 en 1348 werden niet minder dan één op drie mensen erdoor getroffen [5]. Overal waar men over precieze cijfers beschikt blijkt bovendien dat het aantal slachtoffers onderschat werd. Bepaalde kloos-

(5) Sinds de 8ste eeuw was deze epidemie in Europa niet meer voorgekomen.

ters stierven helemaal uit en sommige dorpen werden gewoon van de kaart geveegd.

In Frankrijk werd net daarvoor, in 1346, de slag van Crécy gestreden, waar de „bloem van de Franse adel" de dood vond. De adellijke families, vooral die uit het noorden, werden letterlijk onthoofd. De oorlogvoering had ook net een wijziging ondergaan, door het buskruit dat in de eerste helft van de 14de eeuw zijn intrede deed op het slagveld. Zoals het toen werd gebruikt veroorzaakte het meer schrik dan schade, maar toch werd de verhouding tussen aanvals- en verdedigingsmiddelen erdoor omgegooid. Men kon nu beter aanvallen en daarmee veranderde een hele mentaliteit: vroeger wou men zoveel mogelijk tegenstanders gevangennemen en nu wilde men ze zoveel mogelijk doden. Men zal nog enige tijd aandacht besteden aan de verdediging : in de 14de eeuw verschijnt de ridder geharnast ten tonele terwijl de krijger uit 1250 achter de muren van zijn vesting genoeg beschermd was met een maliënkolder, een helm en scheenplaten. Hij moest zich immers niet tegen vuurwapens verdedigen. In 1350 was de mens zelf een levende vesting geworden en werd hij ook meer en meer in zijn bewegingen gehinderd. Hij zal zich toeleggen op het ontwikkelen van steeds betere aanvalswapens, tot en met de hekatombes in de gaskamers en de atoom- en neutronenbom.

Recente studies hebben aangetoond dat in het begin van de 14de eeuw ook het klimaat veranderde : op een warme periode volgde een koudere periode met meer neerslag. Dat is ongetwijfeld de oorzaak van de grote hongersnood die in 1315-1317 heel Europa trof. Die is te vergelijken met de droogte in de Sahel in 1974-75, althans wat de oorzaken betreft. De gevolgen waren verschillend : de toenmalige Westerse landbouw vertoonde genoeg verscheidenheid om op plaatselijke bronnen te kunnen terugvallen, terwijl de nomadenbevolking van de Sahel dat niet kon.

Een subtielere maar wellicht radicalere verandering bracht de vooruitgang in de tijdmeting teweeg. In het begin van de

14de eeuw wordt het mechanische uurwerk uitgevonden [6]. Tot dan toe werd het dagelijkse leven gemeten aan de biologische ritmes, aan de opeenvolging van dag en nacht en van de seizoenen, met daarin de liturgische feesten. Streng was dit schema echter niet en het hield nog veel variatie in. Gewoon al het feit dat er vóór Kerstmis twintig dagen en vóór Pasen veertig dagen werd gevast, en dat er achteraf zowel materieel als geestelijk een waar feestmaal werd aangericht, betekent dat er afwisseling genoeg was om eentonigheid te voorkomen. Het verknippen van de tijd door het mechanische uurwerk en zijn afleidingen was de bron van alle wetenschappelijke vooruitgang. Het bracht echter ook een totale mentaliteitswijziging teweeg bij de mensen van de 14de eeuw — vergelijken wij misschien met de invloed van de steeds exactere tijdsmeting in de 20ste eeuw op werkritme en sportieve prestaties.

Zo zou men kunnen doorgaan. De contrasten tussen de tijd vóór de 14de eeuw en de periode erna zijn nu echter wel zo duidelijk, hoop ik, dat wij de veralgemeningen waaraan onze gebrekkige historische kennis ons gewoon heeft gemaakt, niet langer zullen gebruiken.

De middeleeuwen, die van de 14de en 15de eeuw, wordt dan inderdaad door oorlogen, hongersnood en epidemieën gekenmerkt. Oorlog was er niet zoveel. De beroemde honderdjarige oorlog (1340-1453) bestond in werkelijkheid uit een zestigtal jaar vijandelijkheden. Het werkelijke onheil werd door de huurlingen aangericht. Die waren op het land gaan wonen en betekenden een voortdurende bedreiging voor de bevolking, in oorlogs- zowel als in vredestijd. Bedenken wij bovendien dat een modern leger is samengesteld uit strijdkrachten van de hele natie, terwijl men in de middeleeuwen

(6) Jean Gimpel noemt de periode van de 14de eeuw tot nu het „tijdperk van het mechanische uurwerk" : *La Révolution industrielle du Moyen Age*, Parijs, Seuil, reeks *Points*, 1975, blz. 141 e.v. Wij waren van plan een hoofdstuk te wijden aan de technische vooruitgang in de middeleeuwen, maar verwijzen nu naar het werk van Gimpel.

een beroep moest doen op vrijwilligers.

Dat betekent natuurlijk niet dat de feodale tijd gespaard bleef van wat de mensheid eeuwig en altijd te beurt valt. Maken wij echter in gedachten deze vergelijking : Parijs werd niet belegerd tussen 885-887 (de Noormannen) en het midden van de 14de eeuw (Etienne Marcel). Dat betekent dat de stad vierhonderd jaar lang geen oorlog of inwendige onrust kende. Denken wij daartegenover aan wat zich sinds 1789 heeft afgespeeld, hoeveel revoluties, belegeringen en vreemde bezettingen... zonder dan nog de cholera van de 19de eeuw en de Spaanse griep van de 20ste eeuw te vermelden.

***

Onze generatie bevindt zich op een keerpunt van twee wereldopvattingen. In de eerste daarvan werden wij opgevoed en erven wij de verworvenheden van de drie of vier voorgaande eeuwen. Middenin dat wereldbeeld stond de *homo academicus* die door de redenerende rede en de Aristotelische logica werd bezield. Zijn oordeel werd bepaald door het Romeinse recht en hij aanvaardde alleen de esthetica van de Grieks-Romeinse oudheid. Dit alles plaatste hij binnen een driedimensioneel universum, waarvan een Berthelot in de 19de eeuw zelfs nog geloofde de grenzen en samenstellende elementen te kunnen bepalen. De wetenschappelijke bevindingen van Berthelot's tijdgenoten hebben die visie uiteen doen spatten. Wij zullen het hier niet over de wetenschappelijke aanwinsten van onze tijd hebben (en die begint op het einde van de vorige eeuw!). Of het nu echter over de relativiteit gaat, de golfmechanica, het begrip tijd-ruimte of gewoon de onderzoeksmethodes, het heeft ons allemaal veel verder geleid dan honderd jaar geleden te voorzien was. Wij stellen meteen ook vast dat het zogenaamde klassieke wereldbeeld heeft afgedaan.

Ruw geschetst kwam dat klassieke wereldbeeld tot ons

door Aristoteles via Thomas van Aquino en Descartes en krijgt het zijn vorm in de middeleeuwen. In de 13de eeuw wordt, zij het niet zonder moeilijkheden, de Aristotelische logica door de christelijke filosofie overgenomen. Deze door de Arabische filosofen herdachte Aristoteles kan men zo'n beetje vergelijken met de Hegel die vandaag aan onze universiteiten bekend is. Er wordt in die periode aan een synthese gewerkt, eerst door Abélard, maar dan ten volle door Thomas van Aquino en zijn meester Albertus Magnus. Men heeft het verkeerd voor als men stelt dat dit denksysteem de 13de eeuw beheerste. Het was integendeel een soort vreemd voorwerp dat men probeerde uit te stoten. Pas veel later zal de thomistische denkwijze opgang maken ; op het ogenblik dat zij werd geformuleerd genoot zij nog geen weerklank. In diezelfde 13de eeuw baseerde Robert Grossetête op een studie van het licht niet allcen een hele esthetica maar ook een volledig kennissysteem. En wat moet men denken over die denkers uit de 12de eeuw die de school van Saint-Victor te Parijs bezielden! Hoewel een Hugues de Saint-Victor Plato en Aristoteles ten dele wel kende, voelde hij niet de behoefte op hen te steunen. Als beginpunt van alle beschouwing plaatst hij de schoonheid van het universum. Het eerste element is de beweging, tevens een bron van esthetisch genot : de beweging van de winden, de golven, de sterren aan de hemel. Hij veronderstelt ook dat er een schoonheid is die wij met onze zintuigen niet kunnen waarnemen. Staan dergelijke beschouwingen niet dichter bij de wetenschappelijke en artistieke opvattingen van onze tijd dan bij die van een periode waarin men mens en wereld in definities en categorieën hoopte vast te leggen ? In 1974 was er in een museum te Parijs een tentoonstelling van foto's genomen met een electronische microscoop : *Natuur vermenigvuldigd met 10.000.* We kregen er een totaal onbekend beeld van het universum, dat trouwens erg dicht stond bij de goede zogenaamd abstracte kunst. Heel mooie foto's van een bewerkte akker, een bos of prachtige geometrische constructies bleken volgens de onderschriften de doorsnede van een haar, de punt van een duimspijker of een facet van een vliegenoog te zijn. Het cartesiaanse universum stond heel ver van ons af, maar een Hugues de Saint-Victor of een Isidorus van Sevilla zouden zich hier zeker in hun nopjes gevoeld hebben. Door de electronische microscoop en de ruimtevaart kunnen wij ons misschien wel beter inleven in een tijd die de verwondering als vanzelfsprekend aanvaardde. De „kwalitatieve sprongen" (van Maurice Clavel, naar Kierkegaard), die voor de klassieke logica onaanvaardbaar waren, zou zij niet geweigerd hebben.

De komende generaties zullen waarschijnlijk verwonderd zijn dat men een hele periode uit ons verleden, die precies zo'n overtuigende sporen heeft nagelaten, zo lang heeft genegeerd. Wordt het geen tijd dat wij een einde maken aan die systematische onverschilligheid? Moeten de beoefenaars van de menswetenschappen niet toegeven dat het mogelijk is die duizend jaar uit onze geschiedenis — echt wel iets meer dan een „gemiddelde" — zonder misprijzen of complexen te bestuderen?

HOOFDSTUK 9

ENKELE VOORSTELLEN VOOR HET GESCHIEDENISONDERRICHT

De jongste tijd wordt in de vorming van de leerling wat meer plaats gemaakt voor de menswetenschappen. Dat zal de historicus plezier doen en de opvoeder wellicht nog meer.

Men kan zich inderdaad afvragen of de programma's tot nu toe niet veel meer werden opgesteld met het oog op de in te gieten leerstof dan op het kind zelf en wat het voor zijn ontwikkeling nodig had. Dat is zeker geen nieuwe gedachte ; alle opvoeders die die naam waardig zijn, zulllen ze wel eens geopperd hebben. Nu beginnen de voorstanders van de actieve methodes de vruchten van hun werk te plukken.

De historici willen nog veel veranderd zien. In de officiële programma's en ook in de vroeger gebruikte methodes wordt het belang van de geschiedenis teniet gedaan. De geschiedenis van de middeleeuwen bestudeert men in de ene klas en in een andere klas, een paar jaar later, wordt dan de middeleeuwse literatuur bestudeerd. Zo besluiten veel leraars helemaal niet meer over de middeleeuwen te spreken, vooral waar er met de nieuwe methodes wel eens met het programma wordt geschipperd.

Even dwaas is het de geschiedenis in schijfjes te verdelen — overigens erg ongelijke porties — alsof men zijn hele leven onthoudt wat men eens heeft geleerd.

Zou men de zaak niet in haar geheel kunnen herdenken en niet alleen de studie van de feiten beogen, maar ook de *vorming van een historische zin* bij de leerlingen. Die is er even hard nodig als de *vorming van een literaire smaak.*

Als men deze vorming verwaarloost mist men de positieve bijdrage van de studie van de geschiedenis.

Of men het wil of niet, de mens is *ook* een historisch wezen. Zijn plaats in de tijd is voor hem even belangrijk als zijn plaats in de ruimte. Iedereen is nieuwgierig naar zijn afkomst, zijn familie en zijn voorvaderen en dat is volkomen normaal. Ook een arts ondervraagt zijn patiënt niet alleen over zijn kinderziekten, maar ook over het leven en de dood van zijn ouders. In deze eeuw van de psycho-analyse moeten wij het onmiddellijke belang van ons verleden niet meer beklemtonen. Het is voor ons even belangrijk en diepgaand als de invloed van het sociaal milieu in het algemeen, waar men zo dikwijls de nadruk op legt. Deze laatste invloed betreft niet alleen het individu maar ook de groep en de streek.

Als men de kinderen geschiedenis wil onderwijzen, moet die natuurlijk verschillende vormen aannemen naargelang de leeftijd waaraan men lesgeeft. Ik bedoel hier natuurlijk geestelijke leeftijd, want iedere opvoeder weet dat die voor het kind — in voortdurende, maar discontinue ontwikkeling — vaak sterk kan verschillen van de officiële leeftijd.

Waarom zou men in de eerste klasjes niet alleen anecdoten onderwijzen, om zo bekende namen in het geheugen te prenten en aan de verbeelding onvoorstelbare feiten te verschaffen, zoals alleen de geschiedenis die kan leveren — zelfs al laat ze de legendes achterwege. Over de chronologie zou men zich uiteraard geen zorgen hoeven te maken, want iedereen weet dat een kind tot de leeftijd van 9-10 jaar en dikwijls nog langer, geen besef heeft van opeenvolging in de tijd. Het is dus dubbel nutteloos het geheugen op die tijd met data te overstelpen. Zo heeft men ook de fout begaan kinderen „analyses" te laten maken in een stadium waarin hun intelligentie daar nog niet toe in staat was. Elk kind, zelfs als het nog zeer jong is, houdt daarentegen wel van verhaaltjes, vooral als ze „echt gebeurd" zijn. Op die leeftijd schiet alles wat men vertelt wortel voor het hele leven. Daarom is het van het grootste belang de geest met een historisch repertorium te stofferen.

Iets later, op de leeftijd van 9 tot 12 jaar, kan de ontwakende sociale zin gestimuleerd worden en kan men de leerlingen hun omgeving leren ontdekken door naar de plaatselijke geschiedenis terug te grijpen. Geschiedenis en milieustudie zouden dan samenvallen. Dat gebeurt trouwens reeds waar de actieve methode wordt toegepast. Om het milieu goed te bestuderen moet men immers verwijzen naar de geschiedenis. Men schakelt bij voorkeur ook een aantal excursies in : bezoeken aan musea natuurlijk, maar ook aan het archief, al was het maar het gemeente-archief, het kadaster, de burgerlijke stand, militiedienst enz. Ook de monumenten van het verleden (waar zijn die niet te vinden?), de historische figuren en gebeurtenissen van de streek en eventueel ook de historische opgravingen in de streek — dat alles wordt de cursus geschiedenis. Het zal ongetwijfeld een grotere vormende waarde hebben dan de samenvatting van het handboek te leren.

Wanneer de leerlingen tenslotte kunnen analyseren en abstraheren, kan men een algemener en tegelijk nauwkeuriger beeld geven van de geschiedenis. Daarbij moet men de onderwerpen in hun kader van tijd en gebeurtenissen terugplaatsen en steunen op documenten en teksten uit de betrokken periode. Het spreekt vanzelf dat men zich vandaag de dag niet meer tot de politieke en militaire geschiedenis mag beperken. Geschiedenis moet men verbinden met geologie en aardrijkskunde, met economie, kunstgeschiednis enz. Een klasbibliotheek met handboeken zal hier zeker nuttig zijn.

Kan men trouwens om het even wat ernstig bestuderen zonder eerst — zij het vluchtig — de geschiedenis ervan bestudeerd te hebben?

***

„Hoe is het toch mogelijk zich voor geschiedenis te interesseren nu de mens op de maan is geland?" werd me eens gevraagd.

Daarop antwoorden is niet moeilijk. Wat was het eerste wat de man op de maan deed ? Een keitje oprapen. Het gebaar van de archeoloog. Zo'n eerste gebaar van de ruimtevaarder levert de bouwstoffen op voor de geschiedenis.

Dat is doodnatuurlijk. De geschiedenis is het leven. Boven alle definities en abstracties uit, denkt de mens in termen van geschiedenis. Wanneer een kei hem zo belangrijk lijkt, dan is het omdat die letterlijk een „teken van leven" is.

De cartesiaanse *tabula rasa* is wellicht de grootste filosofische leugen aller tijden, of toch zeker de leugen die het meeste invloed heeft gehad op onze tijd. Het idee om „tabula rasa" te maken, van „nul te herbeginnen" is altijd erg verleidelijk geweest. Het is ook gewoon onmogelijk dat te doen, tenzij men zich op een volkomen arbitrair standpunt stelt en absoluut geen rekening houdt met de concrete werkelijkheid. Alles wat leven is, is gegeven, doorgegeven. Men vertrekt nooit van nul. Freud heeft dat aangetoond, als men wil. Of eenvoudiger : in de tekst van Genesis wordt elke vrucht beschreven als „zaaddragend", wat al onmiddellijk uitsluit dat iets vanzelf zou ontstaan. Telkens als men die verleiding om „van nul te vertrekken" in de praktijk heeft omgezet, resulteerde dat in dood en vernieling op alle gebied. Hoe dikwijls heeft men zo niet z'n grondvesten of vluchtheuvels vernietigd ? Misschien zal onze eeuw de waarde van de traditie herontdekken. Traditie is een levend wezen, dat kan groeien en nieuwe gegevens kan opnemen en zich verrijken. Eerst zal men de waarde van de geschiedenis — het opzoeken van het „beleefde" waarop ons eigen leven is gebouwd — moeten herontdekken. Met de geschiedenis is het als met de archeologische lagen : er is altijd nog een onderliggende laag, en als men op de maagdelijke bodem is beland, neemt de geoloog het werk van de historicus over en hij schetst ons de geschiedenis van de bodem.

Geschiedenis is leven, omdat zij een element bevat dat er al is vóór onze concepten, onze vooroordelen en onze systemen. Het geldstuk vertoont dié bepaalde beeldenaar en werd precies dààr gevonden. Men kan daar verkeerde conclusies uit trekken, maar het feit zelf dat een muntstuk met die datum op die plaats werd gevonden, hangt niet van ons af.

Wij moeten dat aannemen, zoals wij ook moeten aanvaarden dat een bepaald handschrift toen werd gemaakt in opdracht van die bepaalde persoon — in de veronderstelling natuurlijk dat het kritisch apparaat goed werd aangewend.

Tegenwoordig zegt men wel eens dat men in de teksten leest wat men er wil in lezen. Soms is dat wel waar. Ik denk hierbij aan die auteur die wou bewijzen dat Jeanne d'Arc wel degelijk een bastaard was van Orléans en daarvoor in een citaat de vier regeltjes wegliet waarin zijn bewering werd tegengesproken...

Dat is natuurlijk geen geschiedschrijving. Echte geschiedenis veronderstelt ascese, heldhaftige ascese zelfs. Wie op een ernstige manier opgravingen doet zal dat beamen, want hij staat dichter bij de geschiedenis dan de verzamelaars van anecdotes en de uitvinders van verhaaltjes die de mensen graag horen.

Het is een lastige wetenschap, waarbij men lange tijd gebogen zit over potscherven of onleesbaar schrift. De marxistische historici kunnnen daar misschien misprijzen voor hebben, maar zij stellen hun eigen bestaan als historici dan toch in vraag. De historische waarde van elke informatiebron wikken en wegen, of het nu een potscherf is of een charter of een notariële akte. Uit het samenvoegen van gecontroleerde feiten langzaam de levende substantie naar voren halen, die toelaat beetje bij beetje de weg en het werk van een personage te volgen. Als er genoeg sprekende documentatie is lukt het ook wel eens zijn mentaliteit te reconstrueren. Zoiets vergt jaren werk en in onze gemakzuchtige tijd is dat inderdaad bijna heldhaftig, maar het is slechts zo dat men geschiedenis bedrijft. Vooraf moet men eerst zorgvuldig de bronnen geïdentificeerd hebben en de hele context in zich laten doordringen om de relatieve waarde van het feit te vatten. Vaak houdt men dan slechts een miniem stukje over, bijna onbetekenend zou men zeggen, als men niet door ervaring wist dat geen enkel stukje waarheid ooit nutteloos is.

Wie het belang van de documentatie ontkent, zal ik niet

eens weerleggen : kan hij wel informatie verteren die hij zelf niet vooraf heeft geformuleerd ? Deze vraag moet eens gesteld worden. Achteraf kan men hem misschien eens in een archiefdepot rondleiden en de kilometers rekken zullen kalm maar zeker zijn denksysteem logenstraffen.

Als men eenmaal over het historische gegeven beschikt, is er natuurlijk nog veel tijd, werk en eerbied nodig om dat te onderzoeken en het belang ervan vast te leggen. Het is volkomen begrijpelijk dat sommigen daar misprijzen voor hebben, het is veel gemakkelijker ideeën uit te spinnen. Alleen echter wanneer men de documenten niet kent, kan men in volle gemoedsrust theorieën ontwikkelen en historisch-sociologische systemen opzetten die men met plezier overschouwt. Het vruchtbare van het historisch onderzoek bestaat daarentegen uit de hindernis, of liever de opeenvolging van hindernissen die men ontmoet. Die verzetten zich tegen onze vooroordelen en doen ons onze vooropgezette meningen veranderen. Een vooringenomenheid kan ongetwijfeld stimulerend werken in het begin, maar men moet bereid zijn er van af te zien zodra de documenten dat vereisen.

Om de geschiedenis te beoefenen is er eerbied nodig, net zoals voor de geneeskunde of de opvoeding, voor alles kortom wat met de mens te maken heeft. Anders wijkt men al gauw af van de interne eisen van de aangevatte studie. Als men een document verminkt of naast zich neerlegt is men geen historicus meer, net zomin als men geneesheer is als men de resultaten van een analyse of onderzoek minacht of onderschat, of opvoeder als men de persoonlijkheid van het kind dat men moet onderwijzen, vertrapt.

Dat is precies het grote belang van de vorming van een historische zin in de opvoeding. Op de leeftijd dat de adolescent „de andere" zoekt en zich vormt naargelang dat „andere", zou het heel vruchtbaar voor hem zijn in contact te komen met wat hem in de tijd is voorafgegaan. Het staat even dicht bij hem en is even noodzakelijk als wat hem omringt in de ruimte. Het is waarschijnlijk bij gebrek aan deze dubbele dimensie van ruimte én tijd dat zoveel geesten verschrompelen en eenzijdig, summier en simplistisch gevormd worden. De studie van de geschiedenis levert de jongeren de ervaring die zij missen. Ze kan hen helpen te weerstaan aan de eeuwige bekoring om exclusieven te stellen en onmiddellijk al bepaalde stromingen, personen en groepen te verwerpen ; kortom, de jongeren — en waren zij alleen het maar! — beletten dat het beeld dat zij zich van het universum vormen, beperkt blijft tot hun eigen visie.

Op die leeftijd wil men de waarden die men van zijn omgeving, zijn jeugd, familie en sociaal milieu heeft ontvangen, confronteren met zijn eigen persoonlijkheid. De studie van de geschiedenis zou het gezichtsveld verbreden en er dimensies aan toevoegen die men anders niet kan verwerven. De hedendaagse jongeren reizen veel en graag, wat een gezonde houding is. Een leemte in hun wereld is echter het ontbreken van de dimensie tijd.

De geschiedenis zou dus een enorme bijdrage kunnen leveren tot de opvoeding in de zin van intellectuele rijping. Chesterton beweerde dat een mens pas werkelijk mens is als hij de wereld eens van op zijn kop heeft gezien. Door geschiedenis te studeren kan men zonder veel vermoeidheid ongeveer hetzelfde effect bereiken. Door zich met andere tijden en beschavingen vertrouwd te maken, krijgt men de gewoonte de criteria van zijn eigen tijd te wantrouwen : net zoals de voorgaande zullen ook die evolueren. Het is een gelegenheid om zijn eigen denkwijze te herzien en zijn eigen drijfveren en gedachten met die van anderen te vergelijken. Dit kan een weldoende verruiming van het gezichtsveld betekenen, op voorwaarde natuurlijk dat hier werkelijke geschiedenis bedreven wordt en niet die geprefabriceerde oordelen die in het onderwijs zo kwistig worden rondgestrooid.

Geschiedenis studeren stelt ons tenslotte ook in staat een nauwkeurig beeld te vormen van wat vooruitgang is. Meestal heeft men daar slechts een summier idee van. Lewis Mumford formuleerde het zo : de stadsstraten in de 19de eeuw waren vuil, dus denken wij dat ze 600 jaar vroeger 600 keer vuiler waren. Hoeveel studenten geloven niet — te goeder trouw — dat wat zich in de 19de eeuw afspeelde, de kinderarbeid in de fabrieken bijvoorbeeld, altijd heeft bestaan. Alleen de klassenstrijd en het syndicalisme op het einde van de 19de eeuw zouden de mensheid van deze schandvlek hebben verlost. Hoeveel militanten van feministische bewegingen geloven niet dat de vrouw moreel gezien altijd binnen de „vrouwenvertrekken" moest blijven, en dat alleen de vooruitgang van de 20ste eeuw haar de vrijheid van meningsuiting en het recht op werk en een persoonlijk leven heeft geschonken! De historicus twijfelt niet aan een algemene vooruitgang, maar weet ook dat de vooruitgang niet continu, uniform en welbepaald verloopt. De mensheid gaat vooruit op bepaalde punten, maar achteruit op andere. Op periodes van sterke vooruitgang volgt bovendien meestal een regressie. In de 16de eeuw twijfelt niemand eraan dat de mensheid vooruitgaat, met name op economisch gebied. Weinigen waren zich bewust van wat Las Casas en enkele andere dominicanen van de Nieuwe Wereld aanklaagden. De economische vooruitgang volgde uit een herstel van de slavernij, een reusachtige reactiebeweging dus : een stap vooruit op één gebied wordt betaald met een stap achteruit op een ander. De mensheid gaat ongetwijfeld vooruit, mar niet overal en niet overal tegelijk.

De geschiedenis zou dus een kapitale rol moeten spelen in de opvoeding en het kader vormen van alle onderwijs. Daarnaast heeft de geschiedenis ook een algemeen nut. Wij willen het hier niet hebben over een eeuwige kringloop of kunstmatige, subjectieve en arbitraire vergelijkingen gaan maken tussen deze en gene periode. Nog minder wil ik beweren dat de geschiedenis de problemen van vandaag kan helpen oplossen. Als men uit de geschiedenisstudie één conclusie kan trekken, dan is het wel dat de oplossing van de vooravond *nooit* dezelfde is als die van de dag daarop. De gewapende pelgrimstocht die wij kruistocht noemen, was, of men dat wilde of niet, op het einde van de 11de eeuw de enige oplossing om de heilige plaatsen en het Nabije Oosten te hulp te komen. In het begin van de 13de eeuw was het al niet meer de goede oplossing en op het einde van die eeuw nog minder. Toch bleven pausen, keizers en koningen de oplossing van de vooravond voorstaan. Aan de voorstellen van Ramon Llull werd niet de minste aandacht besteed [1]. Maar is het niet veel gemakkelijker een dergelijk oordeel uit te spreken als er enige tijd overheen is gegaan?

De geschiedenis biedt geen oplossing, maar stelt ons in staat de problemen duidelijker te formuleren. Iedereen weet dat het probleem dan al half is opgelost. Alleen de geschiedenis kan ons daarbij helpen, want zij alleen stelt ons in staat een bepaalde situatie te inventariseren, doordat zij ons alle elementen verschaft waaruit de situatie is ontstaan. Geen werkelijke kennis zonder een beroep te doen op de geschiedenis. Dat geldt voor alles waar de mens, het leven van de mens bij betrokken is. Een levend wezen kent men pas als men zijn geschiedenis kent.

Als men de vorming van een historische zin verwaarloost en vergeet dat de geschiedenis het geheugen is van de volkeren, dan vormt het onderwijs geheugengestoorden. Men verwijt de scholen en universiteiten wel eens dat zij mensen zonder verantwoordelijkheidszin vormen, omdat zij het intellect laten primeren op het gevoel en de persoonlijkheid. Geheugengestoorden vormen is echter even erg. Onverantwoordelijken en geheugengestoorden zijn beiden slechts halve mensen. Geen van beiden kan zijn mogelijkheden ten volle benutten. Pas wanneer de mens dat wel kan, is hij in staat van een werkelijke vrijheid te genieten, zonder gevaar voor zichzelf en zijn medemensen.

---

(1) Ramon Llull, genie, dichter en profeet, stelde een ander soort expeditie voor naar het gebied van de Islam. Dokters, verplegers en predikanten zouden de taal der Saracenen moeten kunnen spreken. Hij lag aan de basis van den centra voor de studie van de Oosterse talen. Het eerste daarvan werd in 1312 opgericht ter gelegenheid van het concilie van Vienne. Zie het werk van Ramon Sugranyes de Franck, *Raymond Lulle docteur des missions,* Freiburg, 1954.

REGISTER

Aalst 10
Aardenburg 11
Abélard, Pierre 69, 103, 109, 119, 125, 126, 136
Afrika 75, 80, 82
Aken 42, 46
Albertus Magnus 136
Alcuïnus 46
Alde-biezen, commanderie 11
Aldhelm 42
Algerië 57
Aliënor van Aquitanië 39, 85, 86, 98
Alva 106
Amaury de Bène 110
Amerika 10, 81, 82
Amiens 13, 23
Angers 77
Angilbert 46
Anjou 77
Antillen 82, 83, 115
Antwerpen 20
Arabieren 24, 44, 136
Aristoteles 17, 18, 33, 44, 135, 136
Arnhem 20
Artois 106
Aubazine 9
Aubri de Trois-Fontaines 106
Aubrun 96
Aude 79
Augustus 16, 37, 46
Aurillac 96
Australië 82, 83, 115
Autun 22
Auvergne 9
Averroës 44
Avicenna 44
Avignon 10
Avignonnet 105
Azië 75, 80, 82
Bachelet 15
Baltrusaitis, J. 32
Bamberg 33
Baudri de Bourgueil 48
Beaumont 77
Beauvais 78
Beda Venerabilis 42
Begijnhof, Groot, Leuven 11
België 85, 101
Bernard de Ventadour 48
Bernardus van Chartres 18
Bernardus van Clairvaux 17, 100
Berthelot 135
Bertran de Born 40
Berzé-la-Ville 25
Bethlehem 92
Béziers 13
Bezzola, Reto 40, 45, 48
Blanche de Castille 86, 98, 109
Bodin, Jean 85, 100
Boileau 40, 52
Bollaertskamer, Gent 20
Bologna 87, 108, 113
Bonifacius VII 111
Bonifacius VIII 94, 112
Bordeaux 83
Bossuet 73
Boston 32
Bourdichon, Jean 34
Bourges 22, 106
Bourgondië 50, 52, 57, 106
Boussard, Jacques 76
Brazilië 83
Brugge 9, 10, 20, 22
Brunetto Latini 99
Bruyne, Edgar de 33
Bulgarije 106
Byzantium 17, 43

Caesar 16
Canterbury 127
Carcassone 105
Cato 18
Cauterets 96
Cesareus von Heisterbach 13
Cézanne 25
Champagne 106
Chantoceaux 77
Charité-sur-Loire 106
Chartres 12, 22, 34, 101
Chesterton 145
China 115
Chrétien de Troyes 39
Cicero 16, 18
Cîteaux 104
Clavel, Maurice 137
Clermont 112
Clovis 41
Cluny 10, 42, 93, 113, 115
Cohen, Gustave 53
Colbert 19, 83
Collège de France 16
Collegium trilingue 16
Columbus 120, 121
Conciergerie, Parijs 19
Conques, schat van Sainte-Foy 23
Constantinopel 17
Constant le Roux 76
Coomaraswamy 32
Corneille 37
Counozouls 79, 80
Crécy 133

Damiens 122
Dante 16
Dany, MM 33
De las Casas, Bartholomeus 82
Delft 20
de Lubac, P. Henri 100
Denemarken 114
Descartes 99, 136, 137
Desenzano 103
Detroit 40
Deventer 20
Dezobry 15
Dhuoda 97
Diderot 24
Dominicus Guzman 104, 105, 109, 121
Doornik 34
Dossat, Yves 105
Du Barry 86
Duitsland 57, 101, 114
Duivelshuis, Arnhem 20
Dumoulin 88

Eginhard 47
Elizabeth I 101
Elslo 45
Elzas 92
Engeland 65, 80, 82, 85, 101, 102, 114, 129
Erasmus 16
Esneval, Amaury d' 127
Espay 77
Etrusken 16
Europa 17, 26, 31, 58, 63, 82, 101, 132

Fanjeaux 105
Faustus 19
Febvre, Lucien 55
Ferdinand III 111, 114
Ferry, Jules 113
Filips II 111
Filips de Goede 87
Filips de Schone 65, 111, 112
Finland 27, 105
Firenze 16
Flaccus 46
Focillon, H. 32
Fontaine, Jacques 44
Fontenay 31
Fontevrault 93, 95

Fortunat 41
Fouquet 34
Franciscus van Assisië 109
Frankrijk 11, 16, 20, 27, 43, 44, 57, 62, 65, 66, 70, 80, 82, 83, 86, 95, 101, 105, 112, 113, 132, 133
Frans I 65
Fredegonde 41
Frederik II 88, 110
Freud 70, 142
Friesland 9

Gaillardine de Fréchon 96
Galileï 71, 99, 100, 101
Gallië 42
Gandersheim 92
Ganshof 55
Gascogne 65
Gauguin 28
Gaule, Jules de 126
Gent 9, 20, 45
Geoffrey of Monmouth 49
Gertrudis van Helfta 92
Gimpel, Jean 134
Gilles, Bertrand 19
Glarus 101
Gleizes, Albert 32
Gothen 131
Gravensteen, Gent 9
Gregorius IX 105, 108, 109, 114
Gregorius de Grote 41
Gregorius van Tours 41
Greuze 25
Griekenland 16
Griffie van het Brugse Vrije 20
Groningen 9, 106
Groot-Brittannië 42, 102
Grossetête, Robert 136
Guichard de Troyes 111
Guido van Arezzo 41
Guillaume d'Aquitaine 48
Guillaume de Puylaurens 105
Guyana 82

Hasanam Makhluf 90
Hegel 136
Heilig-Kruisklooster, Poitiers 41
Heloïse 91, 92, 93, 125
Hendrik II Plantagenêt 19, 64 65
Hendrik IV 86, 132
Hendrik V 121
Herrad van Landsberg 92
Hildegard von Bingen 92
Hohenburg 92
Holland 106
Homerus 46
Horatius 18
Horn, kasteel 11
Hroswitha van Gandersheim 92
Hubantcollege, Parijs 53
Hugo, Victor 10, 25
Hulst, Frans van der 106

Ierland 42, 46, 102
Ile Saint-Louis, Parijs 20
Indianen 82
Innocentius III 104, 108, 109, 114
Isidorus van Sevilla 42, 43, 44, 137
Italië 16, 85, 87, 103, 105

Jaufre Rudel 48
Jean de Lugio 103
Jean de Salisbury 101
Jeanne d'Arc 94, 119, 121, 130, 131, 132, 143
Joden 111
Jodot 80
Joegoslavië 57
Joinville 126
Justinianus 108, 110

Karel V 111
Karel VII 65
Karel de Grote 17, 45, 46, 47, 48, 58, 103, 119
Karmelietenklooster, Aalst 10
Karthuizerklooster, Brugge 10
Katharen 49, 102, 103, 104, 106, 110, 119, 121
Kelten 42, 46, 47, 49, 57, 60, 75, 85, 86, 88
Kierkegaard 137
Klein Azië 48
Kortrijk 45
Kreta 16

La Doutre 77
Lagny 114
Landshuis, Deventer 20
Langton, Stephen 127
Languedoc 10, 103, 105
Las Casas, Bartholomeus de 146
La Roche-de-Chauzé 77
La Rochefoucauld 80
La Rochelle 83
Laugier 21
Le Chapelain, André 39
Le Corbusier 27
Le Mans 22
Le Nain de Tillemont 126
Leo X 65, 114
Leonardo da Vinci 24
Leroi-Gourhan, André 29
Leszcynska, Maria 86
Le Tellier, Maurice 113, 114
Leuven 11, 16
Lewis Mumford 145
Limburg 11
Lloyd Wright, Frank 27
Llull, Ramon 147
Lodewijk VI 81
Lodewijk VII 64
Lodewijk IX, 64, 95, 99, 109, 114, 126, 128
Lodewijk XI 65, 121
Lodewijk XIV 52, 64, 83, 102
Lodewijk XV 122
Loevestein, slot 11
Lombardije 103
Londen 59
Lotharingen 101
Lourdes 27
Louvois 113
Louvre 9, 19, 42
Lucanus 39
Lucius III 103
Luscombe, D.E. 125
Luther 114
Lyssenko 69

Maastricht 34, 45
Madeleine, Parijs 25
Madeleine-kapel, Haute-Provence 11
Mahn-Lot, Marianne 82, 120
Mainz 101
Malraux, André 22
Mantzikert 48
Marbod 48
Marcel, Etienne 135
Maria-Theresia 86
Marie-Antoinette 86
Marie de Champagne 39
Marokko 57
Marrou, Henri-Irenée 120
Marseille 44, 74
Marx 69, 70
Matisse, Henri 15, 25
Maurras 63
Medici, Lorenzo de 16
Medici, Maria de 86
Mendel 69
Michelet 122, 123
Modigliani 28
Moissac 22
Molière 21, 62
Monet 25

Montaigne 97, 99
Mont-Aimé 106
Mont-Saint-Michel 9, 10, 17, 61
Montségur 105
Moren 111
Mykene 16

Nabije-Oosten 26, 31, 44, 74, 147
Nantes 83
Napels 88
Napoleon 20
Nederland 57, 101
Nederlanden 16, 101, 107
Nelli, René 49
Nietzsche 70
Nieuw-Zeeland 82, 83
Noord-Amerika 82, 115
Noord-Frankrijk 106
Noormannen 44, 45, 135
Normandië 65
Notre-Dame, Parijs 8, 23, 25, 32

Oberammergau 52
Onze-Lieve-Vrouwekerk, Brugge 9
Orléans 109
Ovidius 17, 46, 47

Palou, Jean 101
Pantheon 19
Paraclet 91
Parijs 8, 19, 20, 23, 25, 32, 40, 42, 53, 62, 86, 88, 96, 109, 127, 135, 136
Parthenon 16, 20, 22, 25
Peking 115
Pericles 16, 20, 37, 43
Pernoud M., 33
Pernoud R., 33
Persius Flaccus 17
Pétronille de Chemillé 93
Petrus Venerabilis 93, 115
Philadelphia 10
Philippe Auguste 110
Pierre de Bruys 110
Pindarus 46
Plato 16, 18, 136
Pléiade 16
Poitiers 41
Polycleites 23
Portugal 57, 82
Poussin 25, 37
Praxiteles 16
Priscilla 91
Proust 128
Provence 44, 103
Provins 106
Pyreneeën 96

Rabelais 21
Racine 37
Radegonde 41
Ravaisson 122
Raymond V, graaf van Toulouse 64, 104
Raymond VI, graaf van Toulouse 104
Reims 13, 86, 106, 113
Rémy, Nicholas 101
Riché, Pierre 43
Richelieu 67
Robert d'Arbrissel 93
Robert le Bougre 106
Robert le Petit 106
Robrecht de Vrome 109
Rocamadour 123
Rome 16, 19, 24, 73, 112, 131
Ronceray, abdij 76, 77
Rousseau, Jean-Jacques 80, 97
Ruskin 30

Saarinen 27
Sahel 133

Saint-Andoche, Saulieu 24
Saint-Aubin 77
Saint-Denis 81
Saint-Donat 11
Sainte-Chapelle, Parijs 19
Sainte-Clotilde, Parijs 25
Saint-Etienne-du-Mont, Parijs 19
Saint-Evroultkerk 77
Saint-Genis-lès-Fontaines, klooster 10
Saint-Germain-l'Auxerrois, Parijs 21
Saint-Gilles-du-Gard 110
Saint-Michel-de-Cuxa, Languedoc 10
Saint-Pons-de-Thomières, klooster 10
Saint-Savin 25, 96
Saint-Victor, Hugues de 136, 137
Saisset, Bernard 111
Salamanca 82
Salvien 74
Sankt-Gallen 46
Santiago de Compostela 33
Saulieu 24
Scott, Walter 121
Sénanque, Provence 9, 31
Seneca 73
Senlis 29
Sens 106
Sevilla 44
Shakespeare 121
Silvacane 31
Simiane, rotonde 11
Sint-Basilius, Brugge 22
Sint-Bavo, Aardenburg 11
Sint-Bernardus 69
Sint-Bertin 45
Sint-Donaas, Brugge 10
Sint-Donat 11
Sint-Leonardus, Zoutleeuw 9
Soboul, Albert 66
Soissons 110
Soutine 28
Spanje 42, 43, 44, 57, 82, 106, 107, 111, 114
Spee, Friedrich 101
Stiftkerk, Thorn 11
Straatsburg 22
Strzygowsky 24
Studio Laren 53
Suger 81
Sugranyes de Franck, Ramon 147
Syrië 44

Tempeliers 31, 111, 119, 121
Terentius 92
Terwaan 45
Theodulf van Orléans 46, 47
Thiers 28
Thomas van Aquino 125, 136
Thorn 9, 11
Thoronet 31
Titelmans, Pieter 106
Toledo 10
Tongeren 22
Toulouse 10, 34, 64, 80, 88, 100, 104, 107
Tournus 34
Trajanuszuil 22
Trente 99
Troyes 110
Turken 17, 48, 57, 112

Urbanus II 112
Urbanus VIII 111

Van Gogh 28
Vasari 15, 21
Vatikaan 22
Vauban 67
Venetië 12, 19
Verenigde Staten 27, 101

Vergilius 16,18
Vergilius de Grammaticus 42
Verona 103
Verre Oosten 90, 115
Versailles 28
Vézelay 22
Villon 40
Viollet-le-Duc 25
Vitoria 82
Vitruvius 16, 18, 21
Vlaanderen 106
Vondel 37

Wailly, Natalis de 126
Wibod 47
Würzburg 101

Zeeland 106
Zoutleeuw 9
Zuid-Afrika 82
Zuid-Amerika 115
Zuid-Frankrijk 103
Zürich 40
Zweden 101, 114
Zwitserland 66, 101, 114

INHOUD

1. „Middeleeuwen" 5

2. Lomp en onhandig 15

3. Onbehouwen en onwetend 37

4. Gevoelloosheid en barbaarsheid 55

5. Over de kikkers en de mensen 73

6. De vrouw zonder ziel 85

7. De vermanende vinger 99

8. Geschiedenis, ideeën en fantasie 119

9. Enkele voorstellen voor het geschiedenisonderricht 139

Register 149

Gedrukt op de persen van
Drukkerij Sanderus te Oudenaarde
in opdracht van
N.V. Orbis en Orion, uitgevers, Beveren-Antwerpen

D/1981/0041/8